장애인을 잃어버린 교회

장애인을 잃어버린 교회
The Church That Has Lost
the Handicapped

2003. 5. 12. 초판 발행
2016. 4. 14. 2쇄 발행

지은이 안교성
펴낸이 정애주
국효숙 김기민 김의연 김일영 김준표 김진원 박세정
박혜민 송승호 오민택 오형탁 윤진숙 이한별 임승철
임진아 정성혜 조주영 차길환 한미영 허은
펴낸곳 주식회사 홍성사
등록번호 제1-499호 1977. 8. 1.
주소 (04084) 서울시 마포구 양화진4길 3
전화 02) 333-5161
팩스 02) 333-5165
홈페이지 www.hsbooks.com
이메일 hsbooks@hsbooks.com
페이스북 facebook.com/hongsungsa
양화진책방 02) 333-5163

ⓒ 안교성, 2003

• 잘못된 책은 바꿔 드립니다.
• 책값은 뒤표지에 있습니다.

ISBN 978-89-365-0643-8 (03230)

장애인을 잃어버린 교회

안교성 지음

머리말

여러모로 부족한 글이다. 그러나 이런 종류의 글들은 반드시 필요하고, 또 많이 나와야 한다. 나는 장애인 교역 내지 장애인 신학의 커다란 징검다리를 만들어 가는 일에 하나의 돌을 놓는다는 심정으로 이 글을 썼다. 이 글을 통해 성도들이 장애인을 향한 하나님의 뜻을 조금이라도 더 잘 이해할 수 있게 되기를 바란다. 그리고 장애인 교역(ministry of the disabled)에 헌신하고 있는 교역자와 평신도들의 사역이 정당하게 인정받고 평가받는 계기가 되기를 바란다. 아울러 이 일에 새롭게 헌신하는 분들이 늘어났으면 좋겠다.

사실 이 글은 평신도와 교역자 모두가 공감할 수 있도록 쓴 글이지만, 장애인 문제를 우리의 신앙과 연결시키기 위해 신학적 시각을 견지하려고 최대한 노력했다. 왜냐하면 신앙의 의미를 설명해 주고, 신앙과 삶을 연결시켜 주는 것이 바로 신학이기 때문이다.

전체 내용은 4부로 나누었다. 하나님께서는 두 가지 기관, 곧 교회와 가정을 직접 만드셨다. 그래서 1부에서는 '장애인과 기독교 신앙의 문제'를 다루었고, 2부에서는 '장애인과 목회, 특히 교회의 문제'를, 그리고 3부에서는 '장애인과 교회 교육'을 다루었고 마지막 4부에서는 '장애인과 가정의 문제'를 다루었다. 1부와 2부를 읽고 나면 장애인 문제에 대해 개략적으로나마 이해할 수 있을 것이다. 3부에서는 장애인과 관련된 기독교 교육 중에서 아주 기본적인 내용들만 다루었다. 하지만 장차 이 분야에 대해 좀더 전문적인 내용을 다룬 책들이 많이 나와야 할 것이다. 결론적으로 말해 교회가 '가정 같은 교회'가 되고, 가정이 '교회 같은 가정'이 될 때에 비로소 장애인 문제도 해결되기 시작할 것이다. 이 책을 읽을 때는 순서대로 읽어도 좋지만 서론을 읽고 나서 관심 있는 부분을 선별해 읽어도 괜찮다.

이 글은 원래 수년 전에 장로회신학대학교 기독교교육연구원에서 발행하는 〈교육교회〉에 연재되었던 글이다. 그러나 더 많은 분들과 생각을 나누기 위해 새롭게 정리했다. 아마도 독자들은 이 책을 읽어 나가면서 여러 가지 모자란 점을 많이 발견할 것이다. 끝까지 관심을 가져 주시고 지적해 주시기를 바란다.

이 자리를 빌어 이 글을 쓸 수 있도록 계기를 마련해 주신 김명삼 목사님께 감사드리며, 오랜 연재 기회를 허락해 주신 기독교교육연구원에도 감사드린다. 원고를 검토하고 좋은 의견을 주신 한국장애인선교단체총연합회에 감사드린다. 자료를 찾는 데 도움을 주신 한국기독교회협의회 황필규 목사님께도 감사드린다. 그리고 원고 마감일을 앞두고 건강이 좋지 않아 일이 진척되지 않고 있을 때, 컴퓨터에 원고를 입력하는 일에 다 함께 매달려 도와준 가족들, 요섭, 소은이와 아내에게 고마움을 전한다. 아울러 어려운 출판 여건 속에서도 출판하기 쉽지 않은 분야의 책을 선뜻 맡아주겠다고 나서 주신 홍성사 정애주 사장님과 모든 직원 여러분들께 감사의 마음을 전한다.

차례

머리말 / 5

글을 시작하며 장애인은 교회의 문제이다 10

1부 장애인과 기독교

1. 장애인은 이웃인가? 23
2. 장애인은 복음의 문제이다 29
3. 장애인은 예수의 문제이다 39
4. 장애인은 신학적 반성의 문제이다 46
5. 장애인은 경험의 문제이다 55
6. 장애인은 누구인가? 65

2부 장애인과 목회

7. 장애인은 교회 교역의 문제이다 81
8. 장애인은 목회의 문제이다 93
9. 장애인은 선교의 문제이다 103
10. 장애인은 교회일치의 문제이다 117
11. 장애인 사역과 기독교 영성의 한 길 – 헨리 나웬을 중심으로 124
12. 장애인과 함께하는 사회 – 장 바니에를 중심으로 131

3부 장애인과 교회 교육

13 장애인은 교회학교 프로그램의 문제이다 141
14 장애아동 종교 교육을 위한 몇 가지 제언 149
15 정신지체아동을 위한 교회 교육 155
16 청각장애아동을 위한 교회 교육 162
17 시각장애아동을 위한 교회 교육 170
18 지체장애아동을 위한 교회 교육 177
19 장애아동의 야외 활동과 성장 184
20 장애인 교육과 교사의 무력감 190

4부 장애인과 가정

21 장애인은 부모의 문제이다 199
22 장애인은 가족의 문제이다 210
23 장애인과 가정생활 219

주(Notes) 229

글을 시작하며
장애인은 교회의 문제이다

유엔이 1981년을 '세계 장애인의 해'로 선포한 지가 22년, 한국에서 '장애인 올림픽'이 개최된 지가 15년이 지났다. 그렇다면 오늘날 한국의 장애인 현실은 예전보다 더 나아졌는가? 안타깝게도 우리는 이 질문에 대해 "그렇다"고 자신 있게 말할 수 없다. 물론 그동안 장애인을 위한 노력이 없었던 것은 아니다. 하지만 장애인 편에서 볼 때 결코 만족스런 수준의 정책이 시행되지 못하고 있는 것 또한 사실이다. 그러기에 지금도 사회 각층에서 정부의 분발을 촉구하고 있다.

하지만 정작 안타까운 사실은 사회에 대해 지도자적 역할을 담당하고 예언자적 사명을 감당해야 할 교회가, 장애인 의식에 있어서 아직도 초보 수준을 벗어나지 못하고 있다는 점이다. 따라서 우리는 우선적으로 교회에 관심을 집중하려고 한다. 교회가 올바른 장애인 의식을 지녀야 대외적으로나 대내적으로 그 사명을 제대로 감당할 수 있지 않겠는가.

먼저 대외적으로, 교회는 우리 사회에 장애인 문제를 예언자적으로 각성시키고 올바른 해결 방향을 제시해야 한다. 왜냐하면 교회는 모든 선행의 독점자가 아니며 장애인 문제도 마찬가지이기 때문이다. 교회가 장애인 문제를 전부 맡을 수는 없는 노릇이고 또 그럴 필요도 없다. 그러나 교회가 지도자적 역할을 감당하기 위해서는, 적어도 장애인에 대해 사회보다는 높은 수준의 의식을 지녀야 할 것이다.

하지만 지금 교회의 현실은 그렇지 못하다. 한 예를 들어 보자. 수년 전에 정부의 장애인 고용촉진에 관한 입안 문제로 세간의 관심이 집중되고 교회도 이 문제를 실천하라고 촉구한 바 있다. 그런데도 정작 지금 교회 내 장애인 고용 실태는 어떠한가?

교회 내규로 '장애인 고용촉진 규례' 같은 것을 입안하는 일까지는 바라지 못한다 하더라도, 최소한 교회가 장애인 고용에 관해 모범은 되어야 할 것 아닌가. 그러나 부끄러운 우리의 교회 현실은 다음과 같은 사례로도 충분히 드러난다. 1987년 장로교 어느 교단 총회에서 한 장애인 선교단체가, '장애인에 대한 목사안수 거부 조치' 재고를 건의한 바 있었다. 물론 모든 교단에서 장애인이 목사가 될 수 없는 것은 아니다. 그리고 오늘날은 그나마 상황이 많이 나아진 것도 사실이다. 하지만 설사 장애인이 목사가 될 수 있다 하더라도 장애인 교역자는 대부분 장애인 관련 목회에 국한되고 있는 실정이다.

또한 대내적으로, 교회는 교회 자체의 장애인에 대한 역할을 분명히 인식하고 감당할 수 있어야 한다. 그런데 이 점에 있어서 교회는 분명한 문제의식과 적합한 해결책을 지니고 있지 못하다. 오히려 장애인은 교회의 걸림돌이 되고 있다. 다시 한 번 강조하거니와 교회는 장애인 문제를 교회가 안고 있는 문제요, 동시에 교회가 풀어 나가야 할 문제로 인식해야만 한다. 그런데 교회의 문제는 신앙의 문제이며, 그러한 신앙의 문제를 제대로 이해하고 해결하고자 하는 노력이 바로 신학이다. 이런 의미에서 오늘날 교회가 봉착하고 있는 장애인 문제 역시 신학적 문제라고 할 수 있다.

따라서 나는 이 책을 통해 단순히 장애인 문제를 거론하거나 장애인 문제에 대한 미봉책을 제시하는 데 만족하지 않고, 신학적 시각에서 우리 교회가 안고 있는 장애인 문제와 교회의 장애인 인식의 한계를 살펴보고, 아울러 가능한 대로 해결책도 함께 모색해 보려고 한다. 사실 이러한 시도는 장애인 문제를 다루기 위한 본격적인 신학의 전 단계로서, 이 시도 자체는 신학적 논술이 아니지만 적어도 신학적 시각과 입장에서 장애인 문제를 반성하기 위함이다. 그리고 이러한 시도에서 그 어떤 실속 있는 해결책까지 기대하는 건 아니지만, 우리의 문제만큼은 분명하게 밝혀지기를 바란다. 그런 의미에서, 서론에 해당하는 이 글에서는 앞으로 다루게 될 문제들을 크게 몇 가지로 분류하여 살펴보려고 한다.

장애인은 오늘날 인류가 봉착한 가장 심각하고 절실한 문제이며, 또한 교회의 문제이다. 유엔의 한 보고에 의하면, 장애인의 수는 전 인류의 10퍼센트를 상회한다. 현재 인류가 약 60억이라고 할 때, 그 수가 줄잡아 6억 이상이라는 이야기이다. 더구나 현재의 추세에 의하면, 후천성 장애인이 선천성 장애인을 수적으로 훨씬 능가하고 있다. 현대사회의 산업 발달, 특히 자동차의 보급으로 누구나 잠재적으로 장애인이 될 가능성이 있기 때문이다. 지금이라도 문을 나서다 교통사고를 당하면 당장 장애인이 되는 것이다. 그래서 최근에는 장애가 없는 사람을 '예비 장애인' 이라 부르기도 한다. 장애인 문제는 더 이상 '강 건너 불 구경' 식의 문제가 아니다. 일단 장애인이 되고 나면 그가 겪는 변화는 그야말로 엄청나다.

1975년 발표된 '장애인 권리선언' 은 장애인의 신체적·정신적 평등을 위한 조치를 호소하고 있다. "장애인은 이 선언에 규정된 모든 권리를 향유한다. 이들 권리는 그 어떤 예외도 없고, 인종, 피부색, 성, 언어, 종교, 정치 또는 기타의 의견, 국가 또는 사회적 신분, 빈부, 출생, 장애인 자신 또는 그 가족이 처한 상황에 따라 구별 또는 차별이 없이 모든 장애인에게 인정된다. 인간의 존엄성에 관한 천부적인 권리로서 가능한 한 정상적이고 충분히 만족스러운 생활수준을 누릴 최고의 권리. 장애의 원인, 특징, 정도에 관계없이 같은 연령의 시민과 동등한 권리. 일상적이고 만족스러운 생활을 영위할 수 있는 권리. 다른 시민들과 동등한 시민권 및 정치적 권리……."

그러나 교회는 여기서 한 걸음 더 나아가 인간의 문제가 신체적·정신적 차원만이 아니라 영적 차원도 있음을 알리고,

그 문제에 적절히 대처해 나가야 한다. 사실 장애인 문제는 결코 완벽한 법적 조치나 행정만으로 해결될 수 있는 성질이 아니다. 어디까지나 약한 자에 대한 '거룩한 편애(偏愛)'로서만 해결될 수 있는 문제이다. 그렇다면 현대사회에 대하여 사랑을 증거하려고 하는 자가 누구인가? 바로 사랑의 하나님을 믿는 교회가 아니겠는가? 그러기에 장애인에 대한 교회의 역할은 단순히 도움의 손길을 내미는 차원이 아니라 교회의 고유한 기능이라 할 수 있다. 이에 대하여 좀더 자세히 점검해 보자.

장애인은 복음의 문제이다. 성경의 증언에 의하면, 장애인에 대한 복음 선포는 하나님 나라의 도래를 알리며 메시아의 고유한 사역으로 나타난다. 그 당시 소외된 사람이 하나님의 백성으로 용납되는 것이 바로 하나님 나라의 본질이라고 이해되었다. 초대 교회에서는 이런 정신에 입각하여 장애인이 교회의 특별한 관심이었을 뿐 아니라 교회의 중요한 구성원이었다.

그러나 오늘날 복음의 역동성이 위축되어 버린 현대 교회에서는, 장애인은 교회의 관심에서 벗어났을 뿐 아니라 교회의 일원이 되기도 어렵다. 1975년, 나이로비에서 열린 제5차 세계교회협의회 총회에서는 교회의 일치는 교파 간의 연합만이 아니라 비장애인과 장애인을 모두 포함하는 일이라고 선언하였다. 따라서 장애인이 없는 교회는 마땅히 있어야 할 하나님의 백성의 중요한 부분이 결여되어 있기 때문에 그 교회는 '장애 교회'인 것이다.

　장애인은 신학의 문제이다. 전통적으로 장애인은 심한 편견의 희생자가 되어 왔다. 이러한 그릇된 편견은 하나님의 진리로 모두 제거되어야 마땅하다. 그런데도 현실적으로 지금의 교회는 의식 계도의 주창자와 선도자가 되기보다 그릇된 허위의식의 피해자요 공모자가 되기 쉽다. 하지만 교회는 장애인에 대한 편견이 가져오는 오류, 특히 인간관계의 단절과 소외 문제를 적극적으로 제거해야만 한다. 그런데 정작 문제는 장애인이 비장애인에게 다가가는 것보다 비장애인이 장애인에게 다가가는 데 더 큰 '장애'를 느낀다는 점이다. 다시 말해 우리는 비장애인과 장애인의 관계에서 비장애인이 장애인보다 더 장애를 갖는 역설을 목격하게 된다.

　하지만 다른 한편으로는 장애인에 대하여 무조건적으로 긍정적인 판단을 하거나 그 자체를 절대시해서도 안 될 것이다. 마치 해방 신학에서 가난한 자를 강조하다가 가난한 자 그 자체를 절대시하는 오류를 범한 것과 같은 경우는 피해야 한다는 말이다. 우리는 누구나 하나님 앞에서 죄인이며 그래서 구원이 필요하다. 장애인이라고 구원에 있어서 '우선적인 특권'을 갖는 것이 아니다. 오히려 특별한 상황에 처한 그들이 구원받기 위해서는 '우선적인 배려'가 필요하다.

　장애인은 선교의 문제이다. 교회의 우선적인 과제요 교회만의 독특한 사역은 뭐니 뭐니 해도 복음 전파이다. 사실 많은 사람들이 장애인의 사회적 불평등을 강조하지만 장애인은 영적 불평등도 함께 겪는다. 장애인은 단지 장애인이기 때문에 복음 전파에서도 불이익을 당한다. 가령 청각장애인은 복음을 듣는 데 심한 제약을 받는다. 그리고 대부분의 장애인은 인간관계상 의사소통이 원활하지 못하고 사회적 접촉에서 제약을 받기 때문에 자연히 복음을 접할 기회도 그만큼 감소하게 마련이다.

따라서 교회는 장애인의 복지뿐 아니라 전도에도 힘을 기울여야 한다. 기독교인이 우리나라 전체 인구의 25퍼센트를 차지한다고 볼 때, 같은 논리에 따르면 장애인 기독교인도 최소한 장애인 전체 인구의 25퍼센트는 차지해야 한다. 그러나 장애인 기독교인의 수는 손으로 꼽을 정도로 극소수이다. 교회는 또한 장애인이 장애인이기 때문에 겪는 삶의 왜곡된 구조를 하나님 나라에 비쳐서 고쳐 나가는 선교적 사역도 감당해야 한다. 가령 오늘날 건축 문제에서 장애인을 위한 편의시설 도입이 강력하게 언급되고 있는데, 그렇다면 정작 장애인 시설을 갖춘 교회 건물은 얼마나 될까? 솔직히 말해 기존 건물은 말할 것도 없고 신축 건물에서조차 장애인에 대한 배려를 찾아보기란 쉽지 않다.

장애인은 기독교 교육의 문제이다. 교회는 장애인 종교 교육을 위해 노력해야 한다. 그들의 특수한 상황을 고려한 교육 자료를 개발해야 한다. 그리고 비장애인이 장애인을 교회의 일원이요 사회의 일원으로 받아들일 수 있도록 교인을 대상으로 새로운 의식 교육을 해야 한다. 사실 현재 대형 교회에서나 볼 수 있는 '장애인부' 만으로는 이러한 장애인 종교 교육을 충분히 감당할 수가 없다.

더불어 기독교 교육은 장애인 문제에 헌신할 일꾼을 키워야 한다. 이를 위해서는 소명의식을 심어 주는 교육적 배려가 반드시 기존 교육에 포함되어야 한다. 일례로 기독교 대학의 특수교육학과 및 사회사업학과 졸업생 중에서 전공을 살리는 경우는 극히 드물다. 이것은 하나님 나라로 보아서 큰 손실이 아닐 수 없다. 적어도 기독교인에게는 대학 입시가 하나님의 소명과 무관할 수 없다.

장애인은 목회의 문제이다. 교인들 중에는 장애인을 가족으로 둔 사람도 있고 자신이 장애인일 수도 있다. 하지만 많은 경우 목회자가 장애인에 대한 지식이 부족하여 목회적 배려를 제대로 베풀지 못하고 있다. 가령 현재 한국의 초중등교육에서는 장애인 특수교육이 시행되고 있다. 목회자 역시 장애인 자녀를 둔 부모와 진학 문제를 놓고 목회상담을 할 때, 비록 전문적인 조언을 할 수 없다 하더라도 최소한 장애인에 관련된 상식을 가지고 있다면 큰 도움이 될 것이다. 예를 들자면 장애인 분류 등급 같은 기본적인 상식이나 기초적인 목회상담 상식 등 말이다.

그리고 장애인이 진정 교회의 일원이 되려면 세례나 성찬도 문제가 된다. 개신교의 많은 교파는 반성례적 성격이 농후하기 때문에 비장애인의 성례전도 경시하는 경우가 종종 있다. 그러나 우리는 장애인, 특히 정신지체장애인의 교리 교육 문제도 신중하게 고려하여 그들의 신앙적 권리를 존중해 주어야 한다.

장애인은 또한 교회 운영의 문제이기도 하다. 현재 한국 교회에서 장애인 관련 단체는 대개 세 가지 유형을 지닌다. 장애인 교회, 장애인 선교단체, 그리고 장애인 종합복지단체가 바로 그것이다. 그 중에서 장애인 교회는 기존 교회의 양식을 지니고 있지만, 나머지 두 단체는 '교회 밖 단체', 이른바 '패러처치'(parachurch, 준교회) 형태를 지닌다.[1] 그런데 일반적으로 나타나는 교회와 패러처치의 갈등은 장애인 문제에서도 마찬가지로 재연되기 십상이다. 따라서 교회와 패러처치의 건전한 협력 방안을 강구해야만 이러한 그릇된 갈등과 오해를 극복할 수 있을 것이다.

끝으로, 장애인은 경험적 신학의 문제이다. 장애인이 신학의 문제라는 것은 앞서도 언급했지만, 특히 경험이 중요한 역할을 하는 신학의 문제이다. 물론 이 말이 신학을 경험에만 토대를 두자는 이야기는 아니다. 단지 독특한 경험을 충실하게 반영하자는 의미일 뿐이다. 따라서 이 신학을 가칭 '장애인 신학'이라 불러도 괜찮을 듯 싶다. 그렇다 해서 지금 장애인을 별개시하자는 것이 아니라 하나님의 진리를 특수한 상황에 제대로 적용하기 위해서는 독특한 '전거의 틀'(frame of reference)이 필요하다는 것이다.

이를 위해서는 장애인들이 스스로 이 신학을 해야 하며 비장애인도 함께 대화하고 연구해야 할 것이다. 즉, 장애인 스스로 자신의 경험을 반성하고 성찰함으로써 신학적 작업을 해야 하며 비장애인도 이 일에 동참해야 한다는 말이다. 왜냐하면 장애인 신학은 장애인 신학으로만 머물 수 없고 신학 일반을 지향해야 하기 때문이다. 여기에는 여타의 경험적 신학들의 경우도 마찬가지다. 가령 여성 신학이 제대로 되려면 여성 신학자와 남성 신학자가 같이 연구해야 한다. 이를 위해서는 무엇보다 장애인 출신 신학자가 필요하다. 그런데 문제는 장애인 중에서도 스스로의 문제를 의식적으로 접근하지 않으려는 사람이 많다는 것이다. 그러나 외면한다고 문제가 해결되는 것이 아님은 너무도 분명한 사실이다.

이상으로 주마간산 격으로 여러 가지 문제들을 지적해 보았다. 이제부터는 이 문제들을 하나하나 살펴보면서 함께 생각하고 기도하고자 한다.

1 장애인과 기독교

1
장애인은 이웃인가?

그런데 천국에는 장애인이 있을까? 아마 없을 것이다. 예수께서 말씀하셨듯이 메시아 도래의 징조에는 소경이 눈을 뜨고 저는 자가 걷게 되기 때문이다. 그러나 메시아께 나아가는 과정에는 이 같은 장애인이 있게 마련이다. 아니 있어야만 한다. 즉, 천국을 향해 항해하는 순례집단인 교회에는 부름 받은 장애인이 있어야 한다. 진정 우리 교회의 회중 가운데에 장애인이 있어야 한다. 장애인들은 단순한 행사나 자선의 대상이 아닌 함께 영적·육적 삶을 나눠야 할 우리의 이웃이기 때문이다.

'선한 사마리아인'의 비유

그렇다면 이웃이 되기 위해서는 어떻게 해야 할까? 우리는 예수님의 '선한 사마리아인의 비유'에서 그 해답을 찾아볼 수 있다. 이 본문을 미국 남부지방 흑인의 이해를 돕기 위해

만든 성경인 클라렌스 조단의 의역본(*The Cotton Patch Version of Luke and of Acts*)으로 읽어 보자.[1]

어떤 사람이 애틀랜타로부터 알바니로 여행을 하고 있었는데, 몇 명의 악당들이 길을 가로막았다. 그들은 돈 지갑과 새 양복을 빼앗고 그를 때려 눕혀 고속도로변에 던져 버린 뒤 그의 차를 몰고 달아났다. 그런데 마침 그 길로 내려오고 있던 한 백인 설교자가 그 사람을 보고는 속력을 내어 재빨리 지나가 버렸다. 이 장면을 본 한 백인 성가 지도자 역시 서둘러 그 자리를 피해 버렸다. 얼마 뒤 한 흑인이 그 길로 여행을 하다 쓰러져 있는 그를 보고는 동정심을 느껴 눈물을 흘렸다. 그는 즉시 차에서 내려 상처를 싸매 주고 자신의 물통에서 물을 꺼내 피를 닦아 준 뒤 그를 뒷좌석에 실었다. 그리고는 알바니에 있는 병원으로 그를 데리고 가서 간호원에게 "이 사람을 고속도로에서 데리고 왔는데 최선을 다해 돌보아 주십시오. 지금 내가 가지고 있는 돈은 2달러가 전부입니다. 그러나 그가 지불해야 할 돈은 다 받을 수 있을 것입니다. 만일 그가 지불할 수 없다면 내 봉급날에 꼭 갚아 드리겠습니다"라고 말했다.

간단히 말해 이웃이 되는 길은 고난에 동참하는 것이다. 고난을 완전히 이해하거나 해결할 수 있어야만 이웃이 되는 것이 아니라 있는 그대로의 고난에 다가가는 데에 문제 해결을 위한 관건이 있다. 우리는 이 성서의 비유에서 설교자와 성가 지도자의 부도덕성만을 목격할 수 있는 것이 아니다. 무엇보다도 그들이 고난 앞에서 느끼게 되는 무력감을 볼 수 있다. 사실 그런 점에서 우리는 이들을 쉽사리 매도할 수 없다. 즉, 그들을 그 자리에서 몰아낸 것은 공포심과 자기 안전에 대한 욕구와 개입을 원치 않는 이기심뿐 아니라 고난 앞에서 우리가 종종 느끼는 무력감이 아니었을까? 오늘도 우리 주위에 있는 장애인은 비록 강도 만난 사람처럼 긴박한 위기 가운데 있지는 않지만 그들 역시 분명히 고난 중에 있다. 그런데도 선뜻 그들에게 다가서지 못하는 이유가 무엇인가?

여기에는 여러 가지 이유가 있겠지만 고난에 대한 인간의 관념 탓이 크다. 특히 기독교는 고난에 대한 독특한 개념을 지니고 있다. 이것을 통해 우리의 문제를 살펴보기로 하자.

인간들이 고난에 대해서 갖는 가장 보편적이고도 대표적인 반응은 '노'(No)이다. 사실 일부러 고난을 택하는 사람은 없다. 설사 고난을 자청하더라도 거기에는 그만한 이유가 있게 마련이다. 즉, 인간이란 누구나 고난 없는 삶을 이상으로 여긴다. 이런 점에서 고난을 짊어지고 있는 장애인은 우리에게 인간의 불행을 연상시키는 작용을 하기 때문에 외면하기 쉽다. 그들은 그들 자체의 고난뿐 아니라 우리 인생에까지 고난을 연상시키기 때문이다. 칼 융의 표현을 빌리자면, 장애인은 비장애인의 일종의 심리적인 '그림자'(shadow) 역할을 한다. 즉, 인간은 자신의 긍정적인 면만을 추구하고 싶어하지만 어쩔 수 없이 부정적인 면도 있게 마련인데, 장애인은 비장애인에게 어두운 면을 보여 주는 그림자 역할을 하기 때문에 그들에 대해 무의식적으로 심리적인 거부감을 느낀다고 볼 수 있다.

고난의 현실에 대한 예언적 기능

이와 같이 우리는 장애인, 나아가 고난받는 자와 함께하기를 좋아하지 않는다. 그러나 고난 없는 인생은 어디까지나 환상일 뿐이며 우리는 고난의 삶을 직시해야만 한다. 그런 면에서 장애인의 실존은 우리 인생에서 고난의 현실(reality)을 고발하고 직면하게 하는 예언의 기능을 한다.[2] 따라서 인생의 현실인 고난을 외면하려는 자세는 폐쇄적인 삶의 태도를 낳는다.

사실 고난이 존재하는 이유는 쉽게 해명할 수 없지만 어쨌든 우리 인생에 고난이 있음은 사실이다. 이처럼 우리는 한계를 지닌 피조물이요 누구에게나 고난(혹은 그 가능성)이 있기 때문에 상호의존적일 수밖에 없다. 그리고 단순히 생존을 위해서 뿐 아니라 우리의 자아정체성도 상호의존성 속에서 얻을 수 있다.[3]

아더 맥길(Arther McGill)은 인간이 흔히 자아정체성을 자기의 독립성 혹은 자아충족성에서 찾으려고 하기 때문에 뭔가 결핍되어 있음을 인격적 결함으로 여긴다고 말한다. 그러나 인간에게 무언가 부족한 면이 있다는 것은 약점으로만 끝나는 것이 아니라 가장 큰 능력의 근원이 될 수 있다. 즉, 서로 힘을 합치고 사랑을 주고받을 때 더욱 풍성한 삶을 누릴 수 있게 되는 것이다. 맥길은 이런 맥락에서 고전적인 삼위일

체 논쟁도 다음과 같이 해석했다.[4]

> 아리우스와 아타나시우스 간의 논쟁은 하나님이 한 분이냐 두 분이냐 아니면 세 분이냐 하는 문제와는 별 상관이 없다. 하나님을 하나님 되게 하는 것이 무엇인지, 즉 그분의 완전을 구성하는 것이 무엇인지와 관련이 있을 뿐이다. 아리우스는, 자기충족적인 절대성과 초월적 지상권의 관점에서, 하나님의 독생하신 성자란 어디까지나 끔찍한 신성모독으로 간주할 수밖에 없었다. 그가 주장하기를, 하나님이 만일 완전키 위해서 아들을 낳아야만 했다면 하나님은 불완전한 존재임이 분명하다는 것이다. 그러나 아타나시우스는 자기소통(self communicating)적 사랑의 관점에서, 의존적인 독생자는 신성에 대한 오점이 아니라 그 완전의 형태로서 간주할 수 있었다. 이처럼 초월이 아닌 사랑, 우월성이 아닌 나눔이 신성의 특성이다. 주는 것은 받는 것을 전제로 하기 때문에, 신의 존재 내에 수용적이고 의존적이며 결핍된('요구하는'이 더 좋은 표현이겠다—지은이) 극점이 있게 마련이다.

하나님은 고난을 통해 우리와 관계를 맺으시고 우리의 하나님이 되셨다. 따라서 고난을 직면하는 일은 결코 삶에 대한 위협이 아니라 삶에 풍성함을 가져다주는 첩경이다.

인간은 또한 상대방의 고난을 접하면서 자신의 연약함이 연상되는 것을 싫어할 뿐 아니라 고난의 과정에서 자신의 무력함이 노출되는 것도 싫어한다. 이런 태도 역시 인간의 연약함과 취약성(vulnerability)을 무시하려는 심사다. 그래서 장애인을 보고 증오를 느끼는 이유도 장애에 대한 반응이라기보다 자신의 무력감에 대한 분노이기 쉽다.

그러나 우리는 고난의 해결사이기 이전에 동참자로 부름을 받았다. 즉, 장애인을 있는 모습 그대로 수용해야 하는 만큼 능력에 대한 집착을 버리고 우리의 있는 모습 그대로 그들에게 나아가야 한다. 어쩌면 양자의 무력함이 만난 그곳이 하나님의 역사가 일어나는 현장이 될 수 있지 않을까.

우리가 완전한 무력함을 수용하지 않는 까닭 역시 아직도 자기구원적 의지가 있기 때문이다. 그러나 우리의 신앙은 완전히 무능한 십자가에서 완전한 권능인 부활이 나왔음을 믿는 일이 아닌가? 따라서 우리는 무력함이 노출되고 실패할지도 모른다는 두려움을 버려야 한다. 그리고 고난 없는 안일한 삶에 대한 환상도 버려야 한다. 우리 인생에 장애인이 돌연 출현하거나 동거하여 생겨나는 불편함과 당혹스러움을 새로운 변화의 기회로 환영해야 한다. 겸손하게 장애인의 곁에서 그들의 고난을 배우고 나누는 일이야말로 그들의 이웃이 되는 첫걸음이다. 그때에야 비로소 풍성한 삶과 진솔한 인생에 좀더 가까와질 수 있다. 이것이 바로 우리가 해결사가 되기 이전에 먼저 그들의 이웃이 되어야 하는 까닭이다.

2. 장애인은 복음의 문제이다

장애인에 대한 관심의 목소리가 날로 높아지고 있다. 그러나 장애인에 대한 한국 교회의 일반적인 태도를 보면, 과연 교회가 이 문제를 얼마나 심각하게 받아들이고 있는지 의문을 가지지 않을 수 없다. 수년 전 한때 장애인 올림픽을 전후로 일기 시작한 교회의 내장애인 시책이 '용두사미' 격으로 사그라지는가 하면, 대부분의 교회가 그 이후 언제 그런 일이 있었던가 할 정도로 이전과 별반 다를 바 없는 모습을 보이고 있다.

따라서 우리는 교회가 장애인 문제를 가뜩이나 폭주하고 있는 목회 업무에 부과되는 추가 업무 정도로 여기지나 않는지, 혹은 사회에서 일기 시작한 움직임에 마지못해 편승하고 있는 것은 아닌지 반성해 볼 필요가 있다. 만일 이런 질문에 대해 '그렇다'는 것이 교회의 솔직한 입장이라면, 우리는 이것이 기독교의 정체성과 관련하여 매우 큰 문제임을 인식해야 한다. 왜냐하면 그러한 입장의 배후에는, '교회는 장애인 없이도 충분히 교회일 수 있는데 다만 장애인 문제를 어떻게 처리하면 될까'라는 현실적인 생각만이 도사리고 있기 때문이다. 그러나 장애인 문제는 부차적인 문제가 아니라 본질적인 문제요, 선택적인 문제가 아니라 필수적인 문제이다. 교회가 감당해야 할 단순한 하나의 사역이 아니라 교회의 진정성이 달린 문제인 것이다.

그렇다면 왜 이 문제가 교회의 진정성과 관련된다는 말인가? 이에 답하려면 먼저 교회의 진정성에 대한 정의가 있어야 한다. 그러나 지금은 교회론을 다루는 자리가 아닌 만큼, 교회에 있어서 가장 중요한 의미를 지닌 복음과의 관계 측면에서 이 문제를 생각해 보겠다.

실로 교회는 복음의 산물이요 복음의 담지자요 실천자이며 전수자이다. 따라서 참된 복음이 존재하지 않으면 참된 교회도 존재하기 어렵다. 그런데 장애인은 본질적인 면에서 복음과 관련되어 있으며, 따라서 이 관계를 무시하면 복음이 왜곡되고 그 결과 교회는 참된 교회의 면모를 상실하게 된다.

사실 장애인은 적어도 세 가지 면에서 복음과 연관되어 있다고 할 수 있다. 우선, 장애인은 '복음 선포의 우선 대상'이다. 두번째로, 장애인은 '복음의 바른 이해'라는 문제를 제기한다. 마지막으로, 장애인은 '복음의 실제성'이라는 문제를 성찰하게 한다.

복음 선포의 우선 대상

성경의 핵심은 '하나님 나라'라고 말할 수 있다. 그런데 구약에서부터 장애인이 하나님 나라의 백성이 되는 것이 하나님 나라가 도래하는 표징이라고 예언하고 있다. 그리고 신약에서 예수 그리스도는 이 예언을 당신의 메시아 직에 대한 취임 선서에서 채택하고 있다. "주의 성령이 내게 임하셨으니 이는 가난한 자에게 복음을 전하게 하시려고 내게 기름을 부으시고 나를 보내사 포로 된 자에게 자유를 눈먼 자에게 다시 보게 함을 전파하며 눌린 자를 자유케 하고 주의 은혜의 해를 전파하게 하려 하심이라"(눅 4:18, 19).

장애인은 오늘날과 마찬가지로 당시에도 기피 대상이었다. 실제로 인간에게는 새로운 이상적 공동체를 만들려고 할 때 자신의 취향과 이상에 맞는 자들로만 구성하려는 성향이 있다. 한 예로, 위대한 게르만 족의 기치를 내세운 나치는 유대인과 장애인을 제거함으로써 이상적인 인류 건설을 꿈꿨다. 예수 당시에도 여러 종파들은 각기 자신들의 이상을 중심으로 동류의 인간들을 규합하는 한편, 여타의 인간들을 터부시했다. 자연 국외자들은 그들의 이상에 맞지 않는다고 해서 죄인 취급을 받았다. 이처럼 '유유상종의 법칙'이라는 인간의 본능은 너무도 자주 집단이기주의의 구실을 제공해 왔다.

그러나 분명 하나님 나라는 유유상종이란 인간의 본능이 아니라 널리 부르시는 '하나님의 초대'에 근거하고 있다. 하나님 나라는 배타성이 아니라 포괄성이 그 주도적인 원리이다. 따라서 그 누구도 하나님 나라에 들어가지 못할 자는 없다. 적어도 인간의 차원에서는 그 나라에 들어가는 것을 막을 권리란 없으며, 만일 그런 시도가 있다면 그것은 악마적인 일임에 틀림없다. 오히려 이제까지 그런 초대에서 소외된 자까지 초대의 대상으로 삼는 것이 복음 전파의 시작인 것이다. 아무도 제외되지 않는 초대가 복음의 초대요, 그럴 때에만 복음은 복음일 수 있다. 그래서 구약의 예언은 장애인을 주목한다. 그들은 복음 선포의 우선적인 대상이다. 그들이 장애인이라는 그 특성 자체 때문이 아니라, 장애인이 제외된다면 복음의 초대가 진정한 초대가 될 수 없기 때문이다. 다시 한 번 말하거니와 어느 누구도 이 초대에 예외일 수는 없다.

레슬리 뉴비긴(Lesslie Newbigin)은 선교할 때 전도자와 피전도자가 함께 변한다고 했다. 피전도자는 새로운 하나님을 알게 되어 변하고, 전도자는 자신의 고정관념이 바뀌어 변한다는 것이다. 대표적인 예를 초대 교회에서 찾아볼 수 있다. 예수는 만인, 즉 유대인과 이방인의 구주가 되셨으나 그 당시 유대인들은 예수가 이방인의 구주라는 사실을 인정할 수 없었다. 그런데 바로 이 고정관념이 깨어졌을 때 비로소 세계 선교가 가능했다.

하지만 슬프게도 이런 고정관념은 오늘날 장애인에게 적용되고 있다. 세계교회협의회의 '신앙과 직제'(Faith and Order) 위원회에서 '교회의 일치와 인류의 일치'(unity of church and unity of humankind)라는 주제로 연구한 결과에 의하면, 장애인과 비장애인 사이에는 분명한 장벽이 존재하며 이런 장벽은 모든 지역, 모든 인종에 걸쳐 존재하고 교회의 현실도 마찬가지이다. 구약의 예언자가 선포하고 예수께서 추인하신 지 이미 수천 년이 지난 지금까지도 이 악마적인 장벽은 엄연히 존재하고 있는 셈이다.

그렇다면 이 문제는 교회의 복음 선포가 불성실한 증거요, 오늘날 교회가 다시금 떠맡아야 할 과제가 아닐 수 없다. 더구나 초대 교회에서는 복음의 역동성으로 인해 후대에 귀감이 될 만한 사건이 많았던 만큼, 오늘날의 교회는 이 문제에 제대로 대처하지 않는 한 교회 전통에 충실하지 못한 과오까지 회개해야 한다. 교회사를 회고해 볼 때 교회는 적어도 장애인 문제 만큼은, 복음을 통해 사회를 변화시키는 대신 오히려 사회 통념에 의해 변질되는 모습을 보여 왔던 것이다.

오늘날 한국의 경우, 대표적인 두 종류의 장애인 실태만 살펴보자. 청각장애인이 약 30만, 시각장애인이 약 15만인데, 그 중에서 기독교인은 각각 1만 명 미만과 1만5천 명 정도에 그친다. 그러니끼 청각장애인의 3퍼센트, 시각장애인의 10퍼센트가 교인인 셈이다. 여기에 정신지체장애인, 복합장애인 등의 경우를 생각해 보면 문제는 더욱 심각해지고 만다.

과연 이런 실정을 장애인들의 신앙심 부족 탓으로만 돌릴 수 있을까? 설사 그렇다 하더라도 그것이 전적으로 그들 장애인들만의 책임인가? 교회가 장애인들의 물질적인 평등을 논하기 이전에 최소한 그들의 영적인 평등을 책임져야 하지 않을까? 그들은 분명 복음 전파와 교육에 있어서 평등한 대우를 받을 권리가 있다. 1975년, 유엔에서 제정한 '장애인 권리선언'에 의하면, 장애인은 동년배의 다른 시민과 똑같은 기본권을 지녀야 한다. 그렇다면 이들의 영적 기본권은 과연 누가 담당할 것인가?

장애인과 복음의 바른 이해

이러한 문제의식은 다시 '장애인과 복음의 바른 이해'라는 문제와 연결된다. 장애인을 주목할 때 우리는 복음의 본질을 직면하게 되며, 또 이런 대면을 통해서 우리가 복음을 얼마나 바르게 이해하고 있는지 검증할 수 있다.

우리는 오늘날 기독교가 새 생명을 탄생시키는 동시에 현상유지(status quo)의 토대 역할을 하는 측면도 있음을 부정할 수 없다. 그렇다면 우리 사회가 유지하고자 하는 면모는 무엇인가? 그것은 바로 경쟁사회를 중심으로 하는 물질 추구이며, 그로 인해 행동주의와 업적주의가 찬양받는다. 단적으로 말해, 약육강식과 적자생존의 냉혹한 논리가 인간 사회, 심지어 교회 내에서도 엄연히 자리 잡고 있다. 십자가의 신학(theology of cross)이 매몰되는 현상이 나타나는 것이다.

여기서 잠시 십자가의 신학에 대해 살펴보자. 루터에 의하면, 참된 신학은 십자가의 신학이다. 이 신학은, 인간은 예수 그리스도의 고통과 겸허의 절정인 십자가를 통해서 하나님을 알 수 있다는 입장이다. 즉, 하나님을 아는 지식에 있어서 십자가가 표준이 된다는 것이다. 하나님은 십자가를 통해서 인간의 고통에 새로운 의미를 주셨다. 따라서 인간의 고통은 더 이상 인간만의 것이 아니며 단순히 부정적인 것도 아니고 그렇다고 회피해야 할 대상도 아니다. 하나님은 인간의 고통을 나누시며 더 나아가 그 고통을 통해 구원을 제시하셨다. 역설적으로 말해, 십자가는 고통과 고난으로부터의 해방인 동시에 의미 있는 고통과 고난으로의 초대인 셈이다.

그런데 장애인에게는 인간의 고통이 집약적으로 나타난다. 장애인의 존재는 우리에게 고통의 문제를 직면하게 한다. 따라서 우리가 장애인을 대하는 태도는 곧 고통의 문제를 대하는 태도요 궁극적으로 복음을 대하는 태도이다. 우리가 고통을 회피하려고 한다면, 그래서 십자가 없이 영광에 이르려고 한다면 그것은 예수를 유혹했던 악마의 시험에 빠지는 일이나 다름없다. 더구나 십자가는 소극적인 안전의 삶이 아닌, 적극적인 참여와 돌봄의 삶을 이야기하지 않는가!

반면에 생존경쟁의 논리 속에서는 강자만의 자리가 있을 뿐이다. 거기서 약자는 돌봄의 대상이 아니라 도태의 대상에 지나지 않는다. 그러기에 현 사회가 장애인 문제를 도외시하는 것은 어쩌면 당연한 현상이라 할 수 있다. 고로 복음은 이러한 그릇된 인식을 교정해야만 한다. 십자가는 우리에게 '약함 속의 능력'(strength in weakness)이라는 새로운 힘을 제시하였다. 이 십자가가 있는 한, 더 이상 강함만이 강함이 아니요 약함만이 약함이 아니다. 십자가는 인류를 '파워콤플렉스'에서 건져 냈다. 복음은 능력 여하에 따라 인류를 등급 매기고 장애인을 이류 인생 취급하는 인식도 마땅히 교정시켜야 한다.

그뿐 아니라 복음은 구원이 궁극적으로 선물이라는 점을 명백히 한다. 더러 공적(功績)을 구원의 한 요소로 제시하는 신학이 있기는 하나, 전적인 공적주의는 기독교일 수 없다. 구원의 근거는 하나님의 베푸심이요 인간의 믿음이다. 그것은 구원에 있어서 인간 중심적 업적주의의 개입을 거부하는 것이다. 그러므로 행동주의와 업적주의 인생관도 복음으로 교정시켜야 한다. 적어도 구원받을 수 있다는 점에서 비장애인과 장애인의 구별은 있을 수 없다. 오히려 장애인의 조건이 구원받는 일에까지 불이익을 초래한다면 그것을 개선시키기 위해 노력해야 한다. 그런데 현실적으로 장애인을 돕는 일은 희생이 뒤따르게 마련이다. 또한 이 희생은 합리주의의 영역이 아니라 사랑의 영역에 속한다. 따라서 장애인에 대한 거룩한 편애는 복음 안에서만 가능하다.

장애인과 복음의 실제성

장애인은 복음의 실제성과 관련 있다. 복음은 근본적으로 구원의 소식이요, 구원이란 하나님의 형상으로서의 인간 회복이다. 따라서 구원은 죄와 곤경에 빠진 인간이 어떻게 복음을 통해 하나님의 자녀가 되는지를 보여 준다. 그리고 이 복음은 전파되어야 할 뿐 아니라 누려야 한다. 그리스도인은 자신이 믿는 복음의 내용을 삶 속에서 경험해야 하며, 삶 속에서 경험하는 그 복음이 바로 우리 안에서 이뤄지는 하나님 나라이다.

사실 우리는 복음을 믿지만 완전히 복음적이지는 않다. 따라서 그 간격을 좁히기 위해 그 간격을 인식하고 메우도록 노력해야 한다. 비록 완전한 하나님 나라는 종말에 도래한다 하더라도 지금 이 시간에도 '나라이 임하옵시며'라는 주제는 우리의 계속적인 기도여야 한다.

연전에 마산의 어느 백화점은 장애인 학생의 단체견학을 거부하였다. 영업에 지장을 준다는 게 이유였다. 물론 표면적인 거절 이유는 이보다 고상했을 것이다. 아직도 우리는 이런 사회 속에서 살고 있다. 교회만 보더라도 장애인과 함께 와서 예배드릴 수 있는 시설을 갖춘 곳이 매우 적다. 장애인에 대한 무언의 배척인 셈이다. 더욱이 신축하는 교회마저도 장애인 편의시설이 없는 이유는 무엇인가? 십중팔구 예산 때문일 것이다. 결국 돈의 논리에 굴복하여 이웃을 돌봐야 하는 사랑의 요청을 침묵시킨 것이다. 극단적으로 말해 이것은 하나님보다 맘몬(mammon, 돈)을 섬기는 행위이다. 그렇다면 그들은 또 이렇게 반박할지도 모른다.

"고작 몇 명 안 되는 장애인 때문에 그 많은 돈을 꼭 써야만 하는가?"

비로 이깃이 논리의 근거를 폭로시킨다. 기독교의 셰산법은 하나를 찾기 위해 아흔아홉을 놔두는 것이 아니었던가! 기독교마저 돈의 논리를 사랑의 논리에 앞세운다면 대체 복음은 어디서 그 실제성을 드러낼 수 있단 말인가? 분명히 말하지만 복음이 생활화된 삶은 사랑의 능력이 나타나는 삶이다. 이토 류우지(伊藤隆二)가 쓴 《장애인 교육 사상》을 보면, "만일 정신지체아를 죽여도 벌을 받지 않는다면 죽이겠는가?"라는 질문에 응답자의 80퍼센트가 "그렇다"고 대답하였다. 참으로 무서운 세상이 아닐 수 없다. 이에 비해 피터슨이 쓴《정신지체아: 하나님의 자녀》(*Retarded children: God's children*)

에는 정신지체아 수용 시설에 관한 아름다운 기록이 있다.

정신지체아는 여느 아이와 같이 단순하게 보여 별 문제가 없는 인간처럼 여기는 경우가 많지만, 실상은 일반인의 문제에 정신지체장애라는 문제까지 겹친 매우 복잡한 존재이다. 특히 이들 대부분이 주변 사람의 무관심, 증오, 죄의식의 전가, 심지어 유기를 경험했기 때문에 그들의 심리 상태는 최악인 경우가 많다.

그런데 이 수용 시설에 살고 있는 정신지체인들 가운데 유독 린(Lynn)이란 소녀는 즐거운 나날을 보내고 있다. 린의 가정은 근근이 먹고 살 정도로 넉넉한 형편이 아니었지만 린을 이곳으로 보내기 전에 온 가족이 그를 뜨겁게 사랑해 주었고, 이곳에 온 이후로는 매일 번갈아 가면서 사랑의 편지를 보내 주었다. 그래서 린은 혼자 있지만 결코 외롭지 않았다. 바로 사랑의 승리였다. 이와 같은 장애인에 대한 사랑의 승리는 곧 복음의 능력의 과시요 입증이다. 그리고 천국을 미리 맛보는 일이다.

장애인은 하나님 나라의 백성이라는 점에서는 함께해야 할 '동반자'이며, 동시에 우리의 특별한 사랑을 받아야 한다는 점에서는 '이웃'이다. 곧, '도와야 할'(helping) 그러면서도 '함께할'(integrating) 존재이다. 사실 이 문제를 위해서는 생각할 것도 많고 할 일도 많다. 우리는 온 세상일의 해결사는 아니지만 주님의 제자가 아닌가? 만약 주님이라면 장애인을 어떻게 대하실까?

3 장애인은 예수의 문제이다

찰스 쉘던(Charles M. Sheldon)이 지은 《예수라면 어떻게 할 것인가?》라는 책은 우리나라에서도 한때 아주 인기 높았던 경건 소설이다. 이 책이 출간된 지 벌써 100여 년이 지났지만 여전히 사랑받는 이유는, 단순히 흥미롭기 때문만이 아니라 기독교의 핵심직인 질문을 제기하고 있기 때문이다.

'예수라면 어떻게 할 것인가?' 이 질문은 모든 그리스도인에게 제기되어야 할 질문이며, 이에 대한 대답을 추구하는 것이 바로 그리스도인의 삶의 본질이라 하겠다. 그렇다면 장애인 문제에 있어서, '예수라면 어떻게 할 것인가?' 장애인에 대한 예수의 행동은 오늘날 이 문제에 도전하고자 하는 그리스도인에게 귀감이 될 것이다. 왜냐하면 그리스도인은 예수를 좇아가는 사람이기 때문이다. 따라서 우리는 오늘날의 새로운 해결 방안을 추구하기 전에, 먼저 성서에 나타난 예수 그리스도의 행동을 살펴봐야 할 것이다.

예수님과 장애인의 만남

성경을 살펴보면, 예수와 장애인의 만남은 예수 그리스도에 관한 기록 가운데 상당한 분량을 차지한다. 따라서 장애인의 문제는 기독교가 오늘날 새로이 봉착한 문제도 아니며 아무런 전거(典據)도 없이 암중모색해야 할 과제도 아니다. 오히려 예수 그리스도께서 큰 비중을 두고 담당하신 사역이었으며, 그 내용을 간추려 살펴보면 오늘날 장애인 교역을 위한 충분한 지침을 제공받을 수 있다.

예수께서 장애인에게 나타내신 태도는 크게 세 가지로 분류할 수 있다. 물론 장애인들 역시 제각기 독특한 인격과 상이한 처지를 가진 개별적인 인간이기 때문에 예수께서는 그들의 형편에 따라 각각 달리 대해 주셨다. 그러나 여기서는 이해를 돕기 위하여, 다소 범주화의 위험이 있기는 하지만, 세 가지로 나누어 보고자 하는 것이다.

첫번째로, 장애인에 대한 소극적 태도가 부각되는 예수와 장애인과의 만남이 있다. 이것은 예수께서 장애인을 대하시는 가장 일반적인 모습을 말한다.

고대에는 질병과 장애를 인간에 대한 하나님의 심판으로 이해했다. 병자와 장애인은 통상 하나님께 버림받은 자라고 단정했던 셈이다. 따라서 치유와 장애의 제거는 단순히 인간 자신만의 문제가 아니었고 신과 관련된 문제였다. 이것은 결국 인간의 질병과 장애를 죄의 직접적인 결과로 이해하는 견해를 낳았고, 인간은 자신의 질병과 장애를 그대로 수용하는 자세를 가져 왔다.

건강이 인간이 좌우할 수 있는 인간적 가능성의 영역 안에 놓이고 인간의 최대 관심사로 추구되는 현상은 인류 역사상 최근의 일이다. 이런 분위기 때문에 고대에서는 장애인과 환자의 처지는 개선보다는 인고(忍苦)의 대상이요, 여타의 인간이 개입할 성질이 못되며, 그러한 방관적인 시각으로 인해 사회적 소외가 뒤따른 것이 일반적인 형편이었다.

실제로 오늘날에도 이런 이해에 기초하여 장애인을 바라보는 시각이 무의식중에 팽배해 있다. 쉽게 말해 '불쌍하기는 하지만 대체 날더러 어떻게 하라는 것이냐?'라는 생각이 우리 안에 있는 것이다. 이런 생각이 종교적인 추상화 과정을 거쳐 발전한 예를 든다면, 이른바 불교의 '업'(業, karma) 사상을 들 수 있다. 즉, 누군가 장애인이 된 데에는 뭔가 그만한 이유가 있다는 것이다.

예수는 마가복음 3장에서 회당에 나온 한 편 손 마른 사람을 치유하신다. 그러면서 안식일의 의미를 물으신다. 실로 이 사건은 장애인에 대한 하나님의 개입을 선포하며, 그 뒤를 따르는 인간의 개입을 촉구한다. 그런데 이 한 편 손 마른 사람에 대해서 예수는 평가를 유보하신다. 그가 죄인인지 아닌지를 문제시하지 않고 다만 온전한 회복을 허락하신 것이다.

여기서 죄와 장애의 관계에 대해 좀더 살펴보기로 하자. 장애와 질병의 가장 궁극적인 원인은 죄로 귀속된다는 것이 성서가 이야기하는 죄와 그 결과에 대한 이해이다. 특히 구약에서 가장 발달된 단어는 죄에 대한 단어들이다. 그것들은 죄의 양상, 죄인의 형편, 죄의 결과 등을 다양하게 묘사한다. 죄란 인간의 일시적인 행동일 뿐 아니라 왜곡된 인간의 성향이요 그로 인한 파행적인 결과 — 개인적이고 사회적인 — 이다. 따라서 죄인인 인류가 안고 있는 곤경은 바로 이 죄와 그 결과인 것이다. 한 편 손 마른 사람도 궁극적으로 이 인류의 곤경에 연대하며 그 곤경을 집약적으로 경험하고 동시에 드러내고 있다. 하지만 그렇다고 해서 한 편 손 마른 사람의 장애가 곧 그 자신의 직접적인 죄의 결과라고 해석할 수 있는 것은 아니다. 즉, 성경은 인간의 곤경과 죄의 궁극적인 연관성을 강조하기는 하지만 모든 개별적인 사안에 대하여 양자의 관계를 기계론적으로 동일시하지는 않는다.

예수께서는 장애인의 경우, 그의 개인적인 죄가 문제시될 때는 그것을 지적하셨다. 가령 마가복음 2장의 중풍병자에게는 죄의 문제를 먼저 거론하셨다. 이에 반해 요한복음 9장에 나오는 소경의 경우에는 죄와 장애를 직접적으로 연결 짓기를 거부하셨다. 예수께서 장애인에 대하여 지니신 관심은, 장애인의 개인적인 죄뿐 아니라 죄인으로서의 인류가 지니는 곤경의 집약적 체험에 있다. 그러므로 우리도 장애인에 대해서, 그들의 개인적인 죄에 관심을 갖고 왈가왈부하기 전에 우선적으로 그들의 곤경에 관심을 가져야 한다.

두번째로, 예수께서 장애인을 비장애인의 대체자로 바라보시는 모습이 있다. 흔히 장애인은 비장애인에 비해 하급 인간으로 취급받는 경우가 많다. 그러나 예수께서는 장애인과 비장애인을 새로운 영적 시각에서 대조시켰다. 누가복음 14장에서는 장애인을 천국 잔치에 초청되는 손님으로 비유하신다. 예수는 안식일날 고창병 든 자를 고치신 뒤 두 번이나 장애인을 천국 잔치의 합당한 손님으로 언급하신다.

먼저, 예수께서는 유유상종 혹은 주고받기 식의 잔치를 거부하시면서 진정한 잔치를 베풀려면 장애인을 부르라고 하신다. 그들은 갚을 길이 없는 자들이기 때문이다. 이것은 잔치의 본래적인 의미를 보여 준다. 잔치는 기쁨의 축제요, 그 기쁨을 축하하고 나누는 것이 목적이다. 따라서 합리와 계산, 자격이 필요 없다. 유일한 자격이라면 초대에 응하고 함께 기뻐하는 것이다. 천국의 기준은 '얻음'이 아니요 '나눔'이다. 그런데 오늘날 교회는 누구를 초청하는가? 교회에 득이 되는 자를 초청하는가? 그렇기 때문에 장애인은 인기 없는 손님에 불과한가?

예수는 잔치를 채우라는 말씀을 하시면서, 일반인들이 잔치의 초대에 응하지 않자 장애인을 부르라고 하신다. 바로 인간 사회의 불청객이 하나님의 귀빈이 되는 순간이다. 소위 비장애인들이 '영적 장애인'이 될 때, 예수 그리스도는 장애인으로 하여금 그 영적 장애인들을 대체하시겠다는 것이다.

장애인으로 비장애인을 대체하겠다는 이 예수의 지혜는 교회사가 그 적절함을 입증한다. 수많은 장애인이 위대한 그리스도의 군사요 신앙의 위인으로 살다갔다. 장애 자체가 영적 탁월성을 준 것은 아니지만 가난한 마음을 주어 하나님의 초대에 민감하게 만든 것이다. 그들은 참으로 복 있는 자들이었다. 이로 인해 성경과 교회사에 있어서 장애인은 비장애인의 영적 결핍을 지적하는 기능을 맡게 되었던 것이다.

세번째로, 마태복음 5장을 보면 예수께서는 '천국을 위하여' 장애를 택하라고 서슴지 않고 명령하시는 모습을 보인다.

> 만일 네 오른눈이 너로 실족케 하거든 빼어 내버리라 네 백체 중 하나가 없어지고 온몸이 지옥에 던지우지 않는 것이 유익하며 또한 만일 네 오른손이 너로 실족케 하거든 찍어 내버리라 네 백체 중 하나가 없어지고 온몸이 지옥에 던지우지 않는 것이 유익하니라(마 5:29, 30).

이 무슨 청천벽력 같은 소리이며 걸림돌 같은 이야기인가? 예수께서는 단순히 장애인을 수용하실 뿐 아니라 장애를 신앙의 한 전형으로 제시하신다.

진실로 신앙은 모든 것을 얻는 것이 아니라 가장 중요한 것을 위해 모든 것을 버리는 것이다. 그러기에 예수는 이 시대가 이상형으로 여기고 있는 팔방미인에다가 신앙까지 갖춘 사람이 아니라, 신앙을 위해 다른 것을 과감히 포기할 수 있는 사람을 귀히 여기셨다. 그런데 오늘날의 교회는 어떠한가? 교회마저도 모으고 쌓고 인간적 조건의 완벽성을 추구하는 데 길들고 있지 않는가 말이다. 아니, 한술 더 떠 세속적 성공과 신앙을 함께 추구하고 갖추는 게 어떻겠느냐고 아첨하고 있다. 그러나 교회는 누가복음 12장의 부자처럼 모으기만 하고 누리기만 하는 사람들에게, 버리고 포기하고 결핍된 삶을 제시하면서 참된 본향을 향하는 순례자의 삶을 상기시켜 주어야 한다.

예수는 또한 "천국을 위하여 스스로 된 고자도 있도다"라고 말씀하신다(마 19:12). 고자는 구약에 의하면, 이스라엘에 속할 수 없는 불구자이다. 그러나 예수는 "천국을 위하여"란 전제를 통해 장애인의 삶의 새로운 맥락(context)을 제시하셨다.

그렇다면 이러한 예수의 뒤를 따라야 할 교회는 그동안 장애인을 어떻게 대해 왔는가? 마가복음 9장은 예수께서 변화산에 계신 동안 제자들이 귀신 들린 소년을 놓고 당황하는 모습을 기록하고 있다. 이 제자들은 첫번째 선교여행 때 말씀을 전파하는 한편 귀신도 쫓고 병도 고치는 등 크게 승리하고 돌아왔던 자들이다. 그런데 왜 이제는 실패한 것인가? 예수께서는 기도 부족 탓으로 돌리셨다. 즉, 하나님과의 긴밀한 관계가 해이해졌음을 지적하신 것이다. 이와 마찬가지로 교회는 하나님의 뜻에 관심을 모으고 그 뜻에 순종하며 그분으로부터 능력을 공급받아야만 사명을 능히 감당할 수 있다. 그러나 교회는 예수의 마음을 상실한 채, 장애인과는 점점 멀어져 가는 자세를 보였다. 그러니 실패함이 마땅하지 않는가?

4

장애인은 신학적 반성의 문제이다
- 세례와 성찬을 중심으로

장애인이 존재해 온 지도 인류 역사만큼이나 오래되었다. 그러나 장애인이 주목받고 장애인 문제가 본격적으로 제기된 것은 불과 몇십 년을 헤아린다. 따라서 장애인 문제는 가장 오래된 문제인 동시에 새로운 문제이다. 이런 양면성을 지닌 장애인 문제를 교회는 어떻게 접근하고 또 해결할 수 있을 것인가?

교회가 장애인 문제를 자신의 문제로 인식하고 접근할 때 무엇보다 신학적 노력이 요청된다. 왜냐하면 신학은 신앙의 바른 이해를 목표로 하는데, 이런 신학이 분명할 때에야 비로소 교회는 자신의 존재와 사역에 대한 분명한 인식을 갖출 수 있기 때문이다. 즉, 교회는 신학을 통해서 행위에 대한 확신과 당위성을 지니게 되는 셈이다. 그런데 신학은 신앙의 본질을 당대가 이해할 수 있도록 늘 새롭게 해석하고 설명해야 할 책임이 있다. 즉, 과거의 신앙적 유산을 오늘날에 맞게 재해석하는 한편 현대사회가 당면하고 있는 문제들을 신앙의 본질을 통해서 해명해야 하는 것이다.

이런 신학적 노력은 장애인 문제에 있어서도 마찬가지이다. 신학은 과거 기독교의 유산이 이 문제와 어떻게 연관되는지를 반성하고 그런 유산 중에서 오늘날의 장애인 문제에 대해 여전히 유효하고 더 나아가 새로운 가능성을 제시할 수 있는 것이 무엇인지를 발굴하고 음미해야 한다. 물론 작금의 시급한 문제들을 새롭게 대처하는 과제도 중요하다.

유구한 기독교 신학의 주된 주제들 중에는 오늘날 장애인 문제와 긴밀하게 연결되고 새로운 빛을 제기할 분야가 많다. 가령 과거의 주된 신학적 주제들을 조직 신학의 각론과 비교하면 다음과 같은 내용들을 제기할 수 있다.

신론에서는 신정론(세상의 악과 고난·고통과 관련하여 하나님의 선하심과 의를 변호하려는 시도—편집자) 문제가 가장 절실하게 논의될 수 있으며, 인간론에서는 하나님의 형상이란 주제가 장애인 이해에 좋은 근거를 제시할 수 있다. 기독론에서는 고난의 종이란 주제가 주목받을 수 있고, 성령론과 구원론에서는 조건 없이 구원을 베푸는 은혜의 주도성이 강조될 수 있다. 교회론에서는 교회의 일치에 대한 진지한 논의가 가능하며 종말론에서는 모든 사람이 초대되는 잔치의 표상이 부각된다.

하지만 이런 굵직한 주제들을 여기서 다 살펴볼 수는 없기에, 이 장에서는 성례전 중에서 개신교나 가톨릭이 공히 인정하는 세례와 성찬에 대한 반성을 통해서 기독교의 전통과 장애인 문제를 연결시켜 보려고 한다. 이것이 현실적인 면에서 장애인과 교회가 관련을 맺기 위한 첫번째 단계이기 때문이다.

장애인과 세례

우리나라같이 아직까지 선교가 진행되고 있어 일면 피선교국의 면모가 있는 나라에서는 세례라 하면 흔히 성인의 세례를 연상하게 된다. 그러나 이미 기독교 국가가 된 나라에서는 세례란 대개 유아세례를 의미한다. 유아세례는 초대 교회 이래로 교회의 전통으로서 확고한 위치를 차지하게 된 교리 중 하나이다. 처음 정착할 당시에는 논란이 있었지만 대개 3세기 이래로 교회 내에서 널리 시행되어 왔으며 종교개혁에서도 수용된다. 물론 종교개혁 당시 철저한 신앙을 고수하기 위해 유아세례를 거부한 부류도 있고 또 그런 전통이 지금까지 이어져 와서 오늘날도 유아세례를 금지하는 교파도 있다.

여하튼 여기서는 유아세례를 전제로 논의를 전개하고자 한다. 물론 유아세례에는 장단점이 있다. 특히 유아세례 당사자의 부모들이 신실한 교인이 아닌 소위 명목적 그리스도인일 경우 이 제도는 하나의 허례로 끝나기 쉽다. 왜냐하면 유아세례는 일종의 헌신의 의미가 있고 기독교 신앙을 통한 양육이 필수적으로 전제되기 때문이다. 그래서 오늘날 이 제도를 재고하려는 움직임까지 일고 있다.

그러나 유아세례의 긍정적 측면은 결코 무시될 수 없다. 유아세례는 근본적으로 두 가지 중요한 측면을 지닌다. 먼저, 유아세례는 구원에 있어서 구원받는 당사자의 반응 이전에 그리스도께서 이룩하신 구원의 보편적 측면(보편 구원과는 다르다)을 강조한다. 다음으로, 유아세례는 신앙의 공동체적 성격을 강조한다. 하나님 나라는 여러 가지 표상을 지니는데, 그 중 중요한 것 하나가 하나님의 가족이다. 구약의 이스라엘이 한 민족이요 공동체요 하나님의 백성이자 가족이었다면 신약의 교회는 스스로를 '새로운 이스라엘'로 여기면서 이런 공동체적 성격을 상실하지 않고 계속 이어 왔다.

물론 기독교의 발전 요인 중의 하나가 '개인 영혼의 중요성'을 부각시킨 일이며 또 그런 전통은 지금도 계속되고 있다. 그러나 기독교는 어떤 종교보다도 개인의 영혼을 중요시하고 따라서 철저히 개인적인 측면이 있음에도 불구하고 동시에 공동체적이다. 이 두 측면의 긴장을 상실할 때 기독교는 병들게 된다.

적어도 기독교는 개인의 신앙을 공동체의 신앙과 분리시켜 생각하시 않는다. 사실 개인의 신앙은 공동체 안에서 탄생하고 성장한다. 그래서 '교회는 신자의 어머니'라는 표상이 가톨릭과 개신교(특히 장로교)에 공통으로 받아들여지고 있다. 우리가 유아세례를 하는 이유도, 유아세례가 자동적으로 당사자에게 신앙과 구원을 보장한다는 의미가 아니라 이런 공동체적 의미를 높이 사기 때문이다. 구약에서 유대인의 가정을 중심으로 한 종교 교육이나 오늘날의 기독교 교육의 중요성도 이와 연관된다.

장애인과 유아세례

이제 이러한 유아세례와 장애인을 연관시켜 생각해 보자. 우리나라같이 선교가 진행되고 있는 나라에서는 장애인이 교회와 관계를 맺는 경우는 두 가지이다. 기독교 가정에서 태어나는 경우와 비기독교 가정에서 태어나는 경우이다.

먼저, 장애인이 기독교 가정에서 태어난 경우를 생각해 보자. 누구나 인간이라면 하나님의 은혜 가운데 살아야 한다는 것이 그리스도인의 고백이다. 이런 점에서 전자의 경우는 매우 다행스러운 일이라 할 수 있다. 왜냐하면 이미 기독교적 인식을 갖춘 가정에서 인생을 시작하기 때문이다. 물론 가족 구성원 모두가 성숙한 신앙인이라는 보장은 없다. 설사 모두 성숙한 신앙 인격을 지녔다 하더라도 장애아동의 탄생은 크나큰 충격이다. 이때 목회자의 상담(위기상담 및 장기적 가족상담)이 매우 중요하며 또 실제로 상당 부분 문제를 해결할 수 있다. 그런데 장애아동의 문제가 다른 위기와 다른 점이 있다면 그 위기의 파급이 오래 지속되며, 또 그 위기를 적절하게 처리할 '사회적 의례(ritual)'가 없다는 사실이다.

가령 가족의 일원이 사망했을 경우 장례식은 이 위기를 극복할 중요한 의례가 된다. 장례식이라는 공식적인 의례를 치름으로써 그 상황을 정리할 수 있을 뿐 아니라 그 과정에 수반되는 여러 가지 일들이 큰 도움이 된다. 즉, 모든 사람들이 함께 애도하고 위로해 주며 동참하는 장례식의 공식적인 절차와 과정 등이 당사자의 경험을 해석하고 여과시킬 틀을 제공하며 동시에 사회적 지지와 수용을 나타내 준다.

그런데 장애아동이 태어났을 경우 그런 공식적인 의례가 없기에 고독감을 극복하기 어렵다. 또한 만성적인 위기에서 계속적으로 도움과 위로가 필요한데 실제로 그러한 지지 세력을 확보하기도 어렵다. 이때 유아세례와 교회가 큰 의의를 지닐 수 있다. 장애아동을 둔 가족은 유아세례를 통해 그들과 아동 자신의 위기에 대한 공식적인 의례를 공유할 수 있다. 유아세례를 통해서 아동이 하나님의 자녀로 받아들여짐에 따라 하나님께서 아동을 직접 돌보신다는 확신을 가질 수 있으며, 동시에 하나님의 가족 구성원이 됨에 따라 아동이 영적 가족의 보호 속에 살게 된다는 확증을 가질 수 있는 것이다.

특히 교회 차원에서 신중하고 사려 깊게 이 행사를 마련한다면 그 의미는 더욱 크다고 하겠다. 사실 일반 장애아동뿐 아니라 정신장애아동도 유아세례를 거부할 분명한 이유는 없다. 그가 성장한 후의 신앙생활도 인간이 미리 예상할 수 없다. 또한 특히 상애아동을 중심으로 하는 고아원과의 관계 속에서 이런 행사를 갖는 일도 생각해 볼 수 있다. 따라서 지역 교회가 인근 고아원과의 결연을 통해서 장애아동들에게 하나님과 영적 가족을 제시할 수 있어야 한다. 하지만 현재로서는 이런 일이 현실적으로 가능하기 위해서는 거쳐야 할 과제가 많다.

두번째로, 장애인이 비기독교 가정에서 태어난 경우를 생각해 보자. 이런 경우는 대개 전도를 통해 성인의 세례를 받게 된다. 이때 일반 장애인은 큰 문제가 없으나 정신장애인은 교회에서 대부분 배제되기가 쉽다. 교회는 일반적으로 세례를 베풀 때 교리를 분명하게 고백하는 것을 중심으로 하고, 또 그것은 당연히 교리에 대한 이성적 이해를 전제로 한다. 따라서 정신장애인, 특히 정신지체장애인은 은연중에 세례 대상자에서 제외되기 십상이다. 그러나 신앙은 지적 측면만이 중요한 것은 아니다. 사실 이런 정신장애인에게 세례를 베풀기 위해서는 현재의 신학적 입장을 뛰어넘는 일단의 모험이 필요하다. 이를 위해서는 구체적인 신학적 작업과 교회 헌법 내지 예배모범의 개정 등이 뒤따라야 할 것이다.

그런데 여기서 하나의 가설적인 차원으로 제안할 수 있는 것이 있다. 다름 아닌 정신장애인이 성인이 되어 받는 세례에도 유아세례적 측면을 도입하는 일이다. 즉, 유아세례에서 당사자의 신앙보다 부모의 신앙, 크게는 교회 공동체의 신앙을 근거로 세례를 베풀듯이 성인이 된 정신장애인의 세례의 경우에도 교회 공동체의 신앙을 통해 그를 영적 가족의 일원으로 받아들이는 일을 고려해 볼 수 있다는 말이다.

그렇다면 굳이 이런 식으로 해서라도 장애인에게 세례를 베풀어야 할 이유가 무엇인가? 그것은 두 가지로 설명할 수 있다.

첫째, 원칙적인 이유에서이다. 하나님께서 장애인을 받아들이신다면 교회도 그 일에 적극 순종해야 한다. 물론 모든 장애인에게 무조건 세례를 주자는 이야기는 아니다. 다만 장애인이 하나님의 백성이 되기 위한 과정에서 교회의 규칙이 방해가 되어서는 안 된다는 것이며, 이를 위해 적극적인 자세가 필요하다는 말이다. 그리고 교회가 진심으로 그럴 의향이 있다면 가장 원칙적인 면에서부터 변해야 한다는 것이다. 만일 세례가 교회의 일원이 되는 가장 원칙적인 과정이라면 그 일을 재고하자는 것이다. 그래야 나머지 일도 진심으로 받아들일 수가 있다.

둘째, 실제적인 이유에서이다. 장애인이 일단 교회의 일원이 되고 나면, 그때는 장애인의 문제는 더 이상 남의 일이 아니다. 사실 아무리 중요한 일이라도 남의 일과 내 일은 차이가 나게 마련이다. 따라서 장애인이 교회의 일원이 되는 일이 장애인 문제에 대한 교회적 과제의 가장 근본적인 측면이다. 장애인을 세례를 통해 교회로 수용하는 일은 교회 내의 소그룹에 적극 가입시킨다든지 교회 학교의 일원으로 인정하는 방식 등으로 적용할 수 있다.

이상과 같은 세례 문제는 신학의 민감한 주제가 많이 관련되어 있기 때문에 쉽사리 결정하거나 한두 사람의 의견으로 개정될 수 있는 사안이 아니다. 그러나 현실적으로 봉착한 장애인 문제를 과거의 유산과 연결 짓고자 하는 노력과 모험이 시급히 요청된다.

장애인과 성찬

성찬에 대해서도 세례와 더불어 몇 가지 언급해야겠다. 개신교에서는 성찬이 현실적으로 무시되고 있다. 대개의 교회에서는 일 년에 두 번 정도 치르는 행사로 끝나는 수가 많다. 그러나 성찬은 기독교 신앙의 신비적 측면을 대표하는 예식이다. 그리고 신앙의 경험적 측면에서도 가장 중요한 요소 중

하나이다. 성찬을 강조하는 것은 이성화하고 지적인 측면을 위주로 하는 기독교적 경향에 대한 좋은 해독제인 동시에, 특별히 장애인의 경우 더욱더 큰 의의를 지닌다. 장애인의 문제와 신앙의 경험적 측면은 다시 자세히 언급해야 할 필요가 있지만, 여하튼 성찬을 거행함으로써 장애인이 예수 그리스도와의 관계를 확인할 수 있는 좋은 기회를 제공할 수 있다. 아울러 장애인들에게 하나님과의 관계와 교회와의 연대성 및 소속감에 대한 가시적이고도 구체적인 경험도 제공할 수 있을 것이다.

물론 이제까지 비장애인끼리 치르는 성찬식에만 익숙한 경우에는 이런 성찬식이 다소 낯설거나 어려움을 줄지도 모르겠다. 그러나 함께 그리스도의 피와 살을 나누는 성찬식은, 장애인이 교회의 가족 구성원이라는 것과 교회가 그들을 적극 수용한다는 표현이며 동시에 우리가 미래에 맞이할 종말론적 메시아 잔치의 전조이기도 하다. 그리고 누가복음 14장의 '잔치 비유'에 대한 가장 철저한 순종이기도 하다.

5
장애인은 경험의 문제이다

인간의 중요한 지식 습득 방법 가운데 하나로 경험을 들 수 있다. 경험은 그 구체적이고 직접적인 성격으로 인해 실생활에서 매우 큰 영향력을 지니고 있다. 특히 실질적 지식이 큰 몫을 차지했던 전통사회에서는 경험으로 인해 부여받는 권위는 대단한 것이었다. 사실 전통사회에서 나이 든 사람들이 존경받는 이유 중 하나가 바로 그들이 지닌 풍부한 경험의 축적 때문이라고 말할 수 있다.

근자에 와서 중요한 지식 습득의 통로가 공식 교육이 되었고, 또한 지식이 주로 과학적 성과에 의한 지식으로 간주되는 상황이 되었다. 그러나 여전히 경험은 매우 중요한 지식 습득 방법이며 적어도 일상생활에서는 경험이 감당하는 역할을 무시할 수 없다. 특히 최근에는 경험을 본격적인 지식 습득 방법으로 인정하려는 학문적인 움직임도 다양하게 전개되고 있다.

경험은 단순히 인간의 육체적·지적 생활에서만 중요성을 갖는 것이 아니고 종교생활에서도 매우 중요한 역할을 한다. 성경도 이러한 경험의 차원을 중시하고 있다. 성경은 일반적으로 소위 '위에서 아래로'의 방법으로 우리에게 초자연적인 진리를 계시하는 형태를 취하고 있다. 그러나 성경 중에서 성문서 혹은 지혜문학으로 일컬어지는 분야에서는 인간의 경험을 매우 중시하고 있다. 성경은 이 분야에서는 일반적인 계시보다는 인간의 경험 차원에서부터 신학적 성찰을 이끌어 내고, 다시 인간의 경험에 대해 하나님의 뜻을 계시하고 선포하는 형태를 취한다. 물론 경험 자체에서 하나님의 말씀을 도출하는 것이 아니라 경험을 통해서 하나님의 말씀을 들려주는 것이다. 우리는 이러한 구조를 오늘날 장애인 문제에도 적용할 수 있고 또 적용해야 한다. 오늘날 장애인을 위한 신학적 과제에서는 경험에 대한 성찰을 시급히 요청하고 있다.

경험과 신학의 접목

전통적으로 신학은 성경 위에 토대를 두고 있다. 가톨릭과 개신교 간에 소위 전통의 중요성에 대한 시비가 있고, 또 전통과 성경의 우위성에 대한 논의가 있어 온 것은 사실이지만 그 어느 편도 성경이 기본이라는 사실만큼은 부정하지 않는다. 오늘날도 신학은 성경 위에서 그 작업을 수행해야 한다는 데에는 이의가 없을 것이다. 사실 성경에 대한 본격적인 관심은 어느 시대건 절대적으로 필요한 것이다. 먼저 메시지가 분명해야 바른 신학과 바른 신앙이 가능하기 때문이다.

그러나 우리는 메시지를 전달하는 데에도 동일한 관심을 가져야 한다. 메시지를 전달할 때에는 두 가지 차원을 고려해야 한다. 첫째로는, 효율적인 전달 자체에 대한 것이다. 이를 위해서는 주로 메시지를 받는 수신자의 사정을 고려하여 그의 수준이나 상황에 맞게 전달해야 한다. 이때 특히 그의 경험 세계를 고려하는 일이 필요하다. 둘째로는, 커뮤니케이션 과정에서 수신자는 수동적인 역할만 하는 것이 아니라 적극적인 측면도 지닌다. 수신자는 메시지의 본질이나 핵심을 변화시키지는 않으나 적어도 그 해석에 있어서 능동적인 역할을 하는 것이다. 물론 이 해석이 메시지 자체에 부합되어야만 하지만 말이다. 이러한 해석에도 수신자의 경험은 매우 중요한 역할을 한다.

존 매커리(John Macquarrie) 같은 이는 이런 경험의 중요성에 착안하여 신학의 구성 요소를 성경, 전통, 경험 등 여섯 가지로 제시한다. 경험이 성경과 대등한 신학의 구성 요소인가는 따로 본격적인 연구가 필요하겠지만 여하튼 경험의 신학적 중요성은 충분히 인식해야만 한다. 오늘날 여성 신학과 흑인 신학 등이 경험에서부터 신학을 구축한다는 비판을 받고 있는 것도 사실이지만, 그들이 자신들의 경험을 심층적으로 주목하면서 그들의 입장에서 복음의 메시지를 심각하게 고려하려는 노력을 하고 있다는 점만은 인정해 주어야 한다.

특히 여성 신학은 신학화의 과정에서 성경을 그들의 입장에서 '다시 읽는' 일을 강조한다. 하나님께서 그들에게 어떻게 구체적으로 말씀하시는가를 남의 눈을 통해서가 아니라 자신들의 눈을 통해서 읽고 해석하고 강조하겠다는 뜻이다. 즉, 또 다른 복음이 아니고 자신들의 복음을 찾고 듣겠다는 말이다. 이런 노력은 마찬가지로 장애인 신학에도 도입할 수 있다.

여성 신학이나 흑인 신학이 이제까지의 기독교 전통이 남성과 백인 위주의 시각에 편중되었다고 비판한다면, 장애인 신학은 기존 신학에 있어서 비장애인 위주의 시각적 편향성을 고발할 수 있다. 지금까지의 신학은 장애인을 인간의 한 유형으로 인정하지 않고 백안시하고 소외시킴으로써 비장애인 위주의 인간상만을 제시하여 명시적·암시적으로 장애인을 박해하는 데 일익을 담당해 왔다.

한 가지 예를 들어 보자. 이사야서 35장 8절은 원문이 매우 훼손되어 정확하게 번역하기가 어렵다. 그러나 대략 두 가지로 번역이 가능하다. 첫째는, "거기 대로가 있어 그 길을 거룩한 길이라 일컫는 바 되리니…… 우매한 행인은 그 길을 범치 못할 것이며"이고, 둘째는, "…… 이 길의 행인은 우매하나 실로(失路)치 아니할 것이며"이다. 전자는 개역성경의 본문에 채택된 내용이고 후자는 난외주에 기록된 내용이다.

비장애인의 시각으로는 아무래도 전자를 선택하는 편이 타당하다. 그러나 후자도 그릇된 번역이 아니고 얼마든지 선택할 수 있는 번역이다. 그리고 만약 후자를 선택했다면 장애인 특히 정신지체장애인이나 지능이 낮은 이들에게 얼마나 큰 위로가 될 것인가. 지능의 고저란 하나님의 구원과는 아무 상관이 없다는 말이다.

이 본문과 관련하여 실제 일어난 일을 살펴보자. 영국에서 한 남루하고 지능이 낮은 거지가 교회를 방문했는데, 마침 목사가 이 본문을 읽었고 그의 성경에는 "그 길의 행인은 비록 우매하나 실로치 않을 것이라"고 되어 있었다(우리나라 성경에는 난외주에 해당함). 그 거지는 이 말을 듣고 벌떡 일어나 주변 사람은 아랑곳없이 박수를 치며 외쳤다.

"그렇다면 나도 구원받게 되리! 그렇다면 나도 구원받게 되리!"[1]

이상의 경우를 보면 인간의 경험이 때로는 텍스트 자체까지 변모시키는 우를 범할 수 있음을 알 수 있다. 비장애인의 경험만이 존중된다면 성경 또한 비장애인만을 위한 성경으로 탈바꿈될 수 있는 것이다.

이런 예는 신약에서도 살펴볼 수 있다. 가령 신약성경의 해석에 있어서도 '치유 사건'이나 '장애인의 초대'로서의 천국 비유 등이 비장애인의 시각으로만 보면, 그 현장에서 맛볼 수 있는 치유의 감격이나 초대의 감격이 약화된 채 영적 해석만으로 축소될 경향이 다분하다. 즉, 장애인은 치유를 통해서 구원을 경험하는데, 비장애인은 그 사건에서 구원의 영적 의미만을 캐내는 것이다. 이런 경향은 비장애인에게는 당연한 일이겠지만, 문제는 그런 비장애인의 해석만이 유일하고 정당한 해석으로 간주되어서는 안 된다는 것이다.

또한 교회가 '장애인의 초대'로서의 천국 비유를 문자 그대로 순종하여 실천해 왔더라면 오늘날 장애인과 비장애인의 갈등이 크게 완화되었을 것이다. 우리는 장애인들의 경험을 통해 하나님의 메시지의 폭과 깊이를 더욱 음미할 필요가 있다. 더욱이 오늘날에는 장애인이 점점 더 급증하고 있지 않은가. 따라서 장애인의 경험을 신학화하여만 이들에게 온전한 복음을 제시하는 일이 가능할 것이다.

또한 장애인의 경험에 비추어서 신학을 재해석하는 일도 중요하지만, 역으로 신학적 입장에서 그들의 경험을 해석해 주는 일도 중요하다. 즉, 그들의 독특한 경험을 신학적으로 정립해 주는 작업이 필요한 것이다. 특히 장애인들은 그들의 경험을 무조건 병든 경험으로 이해하기 쉬운데, 그런 경험 중에서 정상적 경험, 독특한 경험, 잘못된 경험 등을 분석하여 장애인으로서 정상적인 삶을 살도록 해 주어야 한다.

공동체의 하나됨과 경험

앞에서 언급했듯이 경험은 인간이 지식을 습득하는 중요한 방법이다. 특히 고대에서 경험이 중시되었는데 근대에도 마찬가지다. 소위 경험주의로 일컬어지는 과학적 입장은 바로 이 경험을 중시한 것이다. 그러나 이러한 입장은 경험을 극도로 존중하면서도 경험을 매우 제한시켰다. 즉, 과학적으로 실험 가능한 경험만을 중시하고 나머지 경험은 신뢰할 수 없는 자의적인 것으로 치부해 버렸다. 따라서 경험주의는 경험에 대한 충성인 동시에 반역이다.

오늘날에 와서야 다시금 경험의 중요성이 대두되었지만 아직도 이런 경험에 대한 오해를 완전히 불식하지 못한 채 개인적인 차원에서만 강조되고 있는 실정이다. 그러나 경험은 인간의 가장 기초적이고 직접적이고 또한 가장 큰 결과를 산출하는 지식의 방법으로서 존중되고 부각되어야 한다. 특히 경험으로 인한 지식은 당사자의 실존적 각성과 결단으로 이어지는 강점이 있다.

특별히 인간관계에 있어서 경험의 중요성이 부각될 필요가 있다. 인간의 수많은 오해는 대개 상대방에 대한 무지에서 비롯되는데, 그 무지는 전적인 지식의 결여나 추상적인 지식의 소유일 경우가 많다. 실제로 우리는 직접적인 경험을 통해서 인간관계가 발전한 예를 많이 보게 된다. 마찬가지로 오늘날 장애인 문제의 심각성 역시 비장애인과 장애인 간 만남의 부재에서 비롯된다고 해도 과언이 아니다. 설사 만남이 있어도 간접적이거나 피상적이거나 장시간 이뤄지지 못하기 때문에 서로를 이해할 수 있는 충분한 기회를 얻기가 어렵다.

장애인들은 일종의 '게토'(ghetto)에 살고 있으며, 교회마지도 장애인과 만나는 일에 소극적이다. 오늘날 교회 교육은 경험을 강조하고 있는데 적어도 장애인과 만나는 경험이 꼭 포함되어야 할 것이다. 그래야 장애인에 대한 이해와 봉사, 헌신의 기회가 주어진다. 하지만 아직도 장애인은 교회에서조차도 낯선 존재이다. 즉, 교회가 장애인에 대한 경험이 너무도 부족한 것이다. 교회가 먼저 장애인에 대한 경험이 풍부해야 지도적 역할을 할 수 있고 비전과 프로그램을 제시할 수 있지 않겠는가.

미국의 경우, 장애인을 이해하기 위해 많은 노력을 해 왔다. 그래서 사회는 장애인을 어색해하지 않는다. 그들은 홍보

영화나 장애인의 교사와 부모 혹은 장애인들의 수기를 통해 장애인과 비장애인이 간접적인 만남을 가질 수 있는 기회를 꾸준히 제공해 왔다. 그리고 그 일이 발판이 되어 장애인에 대한 관심과 배려가 가능해졌다. 우리나라에서도 《딥스》라는 자폐아에 관한 책이 꽤 많이 읽혔다. 이것은 우리나라에도 좋은 조짐이 보인다는 증거이다. 솔직히 아직도 장애인과의 만남이 관찰 정도에 머물고 있는 형편이지만 장차 장애인들이 자신의 경험을 성찰하고 비장애인도 그들과의 경험을 쌓아감에 따라 건전한 대화가 가능해질 것이다.

또한 경험은 온전한 공동체를 건설하는 데에도 매우 중요하다. 우리가 지향하는 하나님 나라는 궁극적으로 완전한 공동체이며, 우리는 교회 안에서 이 공동체를 미리 맛본다. 교회의 일치는 하나님께서 이미 부여하신 소명인 동시에 우리가 이룩하며 경험해야 할 과제이며 현실이다. 역설적으로 말해 그 공동체성은 이미 주어진 것이기 때문에 실제로 경험하는 바에 따라 더욱더 많이 누릴 수 있다.

그런데 공동체를 이루는 것은 결코 사변(思辨)이나 객관적 관찰로 가능하지 않다. 적극적인 참여와 실제적 경험이 요청되는 것이다. 사실 이런 공동체의 경험은 파편화해 가는 현대의 고질적 개인주의에 대한 좋은 해독제가 될 수 있다. 그런데 교회가 지향할 '교회의 일치'에는 비장애인과 장애인의 일치 또한 커다란 과제이다. 오늘날 교회 일각에서 실낱같이 일어나는 장애인 캠프나 장애인 교육 등이 더욱 확대되고 좀 더 많은 사람들에게 참여의 기회를 제공해야 한다. 그리고 교회는 이런 과정에 대해서 단순히 개인적 참여를 격려하는 차원이 아니라 교인들에게 새로운 경험을 맛볼 기회를 제공한다는 차원에서 적극 나서야 한다. 이처럼 교회가 경험의 차원을 강조하고 주목하게 될 때 교회는 기독교 윤리상 실제적인 헌신의 새로운 기회를 갖게 될 것이다.

경험주의에서 숭상하는 과학적·관찰적 경험이 아닌 일반적 의미에서의 경험은, 사물에 대한 단순한 관찰이 아니라 구체적으로 접근하여 관계를 맺는 성향이 있다. 교회가 이런 구체적 관계를 지닐 때 기독교 윤리의 가현설(docetism, 예수께서 인간의 육신을 입지 않고 단지 환영이나 유령의 몸만을 가졌다는 주장—편집자)적 허위의식에서 벗어날 수 있을 것이다. 기독교 윤리가 여전히 교의학의 주변을 맴돌면서 원칙만을 분석하는 데 머문다면, 그 원칙이 아무리 고상하고 건실하다 하더라도 탁상공론에 머물기 쉬운 법이다. 교회는 신학, 윤리, 사업, 교육 등 전반에 걸쳐서 경험의 중요성을 다시금 재인식할 필요가 있다. 그것이 교회의 메시지에 진정한 성육화를 가져오는 길이다.

또한 교회 내의 다양한 지체들이 경험에 귀 기울일 때 복음의 메시지의 폭과 깊이가 더욱 확대될 것이며, 복음은 더욱 많은 사람들에게 그 적절성을 과시할 수 있을 것이다. 그런 점에서 기존 신학은 경험을 중시하는 새로운 신학을 무시해서는 안 되고 오히려 격려해야 하며 신학 자체에 있어서 경험의 다양성을 수용하는 자세를 지녀야 할 것이다. 예수께서는

"우리에 들지 아니한 다른 양"을 염려하셨다(요 10:16). 우리 교회도 주님을 따라 우리 시야에서 벗어나고 방치된 양에게 관심을 가지고 그들의 소리를 들어야 한다. 그래야 진정한 일치와 잔치가 가능하다.

6. 장애인 문제 해결의 출발점
장애인은 누구인가?

　수년 전, 아침에 집을 나서며 읽은 신문기사가 장애인의 문제에 대한 나의 실낱 같은 희망에 또다시 찬물을 끼얹은 적이 있다. 장애인 고용 촉진 법안에 대한 공청회에 정부 측 대표와 기업체 대표가 얼굴도 비추지 않아 결국 공청회장이 성토대회장으로 바뀌고 말았다는 내용의 기사였다. 우리나라의 현실은 아직도 멀었다는 생각에 앞서 분노가 일지 않을 수 없었다. 바람직한 결론을 내리지는 못하더라도 최소한의 예의요 의무인 출석마저 멋대로 기피하다니! 그러나 그것이 이 땅의 장애인이 날마다 겪는 현실임에랴!
　장애인 문제는 반드시 해결되어야 한다. 그렇다면 어디서부터 시작할 것인가? 누가 어떻게 시작할 것인가? 장애인 문제는 결국 장애인의 문제요 장애인이 해결해야 할 문제이다. 그렇다고 해서 장애인 문제를 장애인에게만 떠넘기겠다는 말은 결코 아니다. 장애인이 이 문제의 주도권을 쥐고 자신의 문제로 삼을 때만이 진정한 해결이 있다는 의미이다. 이제까지의 장애인 문제에 대한 입장을 한마디로 요약한다면, 주로 장애인을 '위한다는'(for) 과거의 시각에서 장애인과 '더불어 한다는'(with) 시각으로 바뀌었다. 그렇다면 장애인 자신이 주체가 될 때만이 비로소 장애인과의 동반자 의식이 의미를 갖게 되는 것이다.

이처럼 장애인이 문제를 안고 있고 동시에 그 문제를 해결해야 한다면 먼저 '장애인이 누구냐' 하는 장애인에 대한 정의부터 분명히 할 필요가 있다. 그래야 문제 해결의 출발점이 선명해지기 때문이다.

장애인은 누구인가?

일반적으로 장애는 '상해, 질병, 유전적 결함으로 말미암은 만성적인 신체적·정신적 불능'이라고 정의된다.[1] 그리고 장애인 권리선언에 의하면 '장애인이라 함은 선천적이든 후천적이든 관계없이 신체적·정신적 능력이 불완전하여 개인의 일상생활이나 사회생활에서 필요한 것을 자기 자신의 힘만으로는 완전하게 또는 부분적으로 확보할 수 없는 사람을 의미한다'고 규정하고 있다.[2]

이상의 정의를 토대로 장애인에 대해 좀더 구체적으로 살펴보자.

첫째, 장애인은 만성적 장애를 지닌다는 점에서 단순한 병자와 구분된다. 사실 병자와 장애인을 구분하기란 쉽지 않고 때로는 병자와 장애인이 중복될 경우도 많다. 그러나 대부분의 병자는 질병의 일시성 때문에 오히려 더 큰 관심과 적절한 조치를 받을 수 있다. 그런데 장애인들에게는 그 불능이 만성적인 것이기에 그들은 '장애를 지니고 사는 법'을 배워야 한다. 주변 사람들에게도 장애인의 지속적 불능을 계속 도와야 한다는 큰 부담이 주어진다. 우리는 종종 장애인이 내팽개쳐져 있는 모습을 볼 수 있는데, 이 또한 장애인에 대한 돌봄이 그만큼 어렵다는 사실을 역설적으로 말해 준다.

둘째, 장애인은 반드시 필요한 바를 자력으로 얻지 못한다는 점에서 여러 가지 면에서 손해를 입는다. 그래서 장애인들은 대개 사회의 저소득층에 처하는 경우가 많다. 이것은 선진국이라는 미국의 경우도 예외가 아니다. 장애인 문제에는 빈곤의 문제가 필연적으로 따르는 이유가 바로 여기에 있다. 따라서 장애인 문제는 단순한 개인이나 가족의 차원이 아닌 사회적 차원에서도 큰 의미를 지닌다.

셋째, 장애인은 신체적·정신적 장애와 경제적 빈곤뿐 아니라 사회적 소외의 불이익까지 감수해야 한다. 아마도 이 문제가 가장 심각한 문제일 것이다. 이런 상황은 성 차별, 인종 차별과 더불어 인간이 인간에 대해 갖는 고질적인 편견의 결과요, 하이데거의 표현을 빌면 근거 없지만 집요하게 세력을 발휘하면서 인간 사회를 주도하는 허위의식인 소위 '세인'(Das Man)의 의식이다. 비클린과 보그댄은 〈미국에서의 장애인 차별〉(Handicapism in America)이라는 논문에서 성 차별과 인종 차별 및 장애인 차별의 유사성에 주목하면서 다음과 같이 장애인 차별을 정의하고 있다.[3]

장애인 차별은 장애인이 지니고 있는 장애가 겉으로 드러나든 드러나지 않든 그 신체적·정신적 장애로 말미암아 사람들이 그들을 불공평하고 부당하게 처우하도록 조장하는 이론이며 일단의 관습이다. 이것은 개인 간의 관계와 사회 정책 및 문화적 규범, 나아가 그들을 돕는 전문직에도 두드러지게 나타난다. 실로 장애인 차별은 우리 삶 전반에 퍼져 있다. 그러나 장애인 차별이란 개념은 동시에 장애에 대한 개인적·사회적 행동을 면밀하게 검토할 수 있는 중요한 도구로 사용될 수도 있다.

우리는 장애인이 단순히 장애를 지닌 인간일 뿐 아니라 그로 인해 여러 가지 불이익까지 감수하게 된다는 사실에 주목할 필요가 있다. 따라서 장애인 문제를 해결기 위해서는 외적인 장애라는 조건뿐만 아니라 내적인 장애인 차별과 그와 결부된 사회적 여건까지 고려해야 한다. 이를 위해서는 장애인들 자신의 경험을 명료화함으로써 과연 문제가 무엇인지를 적나라하게 밝히는 일이 무엇보다 필요하다.

그런데 장애인의 정의와 관련하여 또 한 가지 짚고 넘어갈 것이 있다. 다름 아닌 장애인이 객관적으로 누구냐 하는 문제뿐 아니라 주관적으로도 누구냐 하는 문제이다. 즉, 객관적으로 장애인이면서도 자신을 장애인으로 여기지 않는 경우가 있다. 대개 후천적으로 장애인이 되는 경우, 자신이 장애인임을 부인하려는 사례가 많다. 가령 극도의 약시로서 사실상 시각장애인임에도 불구하고 자신의 장애를 부정하고 굳이 아무런 장애가 없는 양 처신하려는 사례가 있었다. 그럴 경우 그가 비장애인이 될 수 없음은 물론이고 건전한 장애인도 될 수가 없다. 이런 경향은 정신지체아를 둔 부모에게서도 종종 찾아볼 수 있다.

또한 사회적으로 성공한 장애인의 경우도 자신이 장애인임을 부정하려는 경향을 보일 때가 있다. 그러나 장애인이라는 사실 자체가 없어질 수는 없다. 오히려 다음과 같이 장애인 문제에 적극적으로 대처하여 많은 기여를 할 수 있고 또 해야만 한다.

첫째, 다른 장애인과의 교제를 통해 굳은 연대감을 제공하고 용기를 줄 수 있다. 둘째, 그들의 성공적인 경험을 나눔으로써 새롭게 인생에 도전하려는 다른 많은 장애인들에게 축적된 경험을 제시할 수 있다. 셋째, 이 과정을 통해서 어린 장애인에게 일종의 성공 사례의 역할을 할 수 있다. 넷째, 그들이 지닌 사회적 영향력을 통해 더욱 광범위한 영향력을 끼칠 수 있다. 다섯째, 장애인 문제 해결의 선도적 역할을 맡음으로써 지도자적 임무를 감당할 수 있다. 여섯째, 장애인 문제를 다른 사람이 대변하도록 맡겨 두는 것이 아니라 스스로 대변인 역할을 맡을 수 있다.

장애인 관련 용어들

여기서 그동안 장애인과 관련한 용어가 변천해 온 과정을 간략하게 살펴본다면 장애인을 이해하는 데 도움이 될 것이다. 어떤 용어가 생겨나고 변화되어 가는 과정은 사태를 파악하는 데 중요하기 때문에 이때 이 용어는 단순한 단어로 그치지 않고 사태를 보는 시각을 제공한다. 사실 그런 면에서 모든 학문은 용어를 만들어 내고 익히는 과정이라고 할 수 있다. 따라서 장애인 문제에 관심을 갖는 사람은 적어도 장애인과 관련한 용어들을 바르게 익히고 사용할 필요가 있다.

먼저, 우리말에서 장애인을 가리키는 용어를 간단히 훑어보면 병신, 장애자, 장애인, 장애우 등으로 변해 왔다. 과거에는 장애인을 가리키는 용어가 거의 인격 모독적이거나 욕에 가까웠다. 심지어 그런 용어를 대놓고 욕으로 사용하기도 했다. 이해를 돕기 위해 대표적인 용어 하나만 예로 든다면 위에서 언급한 '병신'을 들 수 있다. 글자 그대로 '병든 몸'(病身)이라는 의미를 가진 말이지만 그 의미대로 사용되지 않고 장애인을 가리키는 경멸의 용어 내지 욕으로 사용되었다. 이는 과거 우리 조상들의 장애인 의식을 한마디로 말해 주고 있다.

또한 우리는 앞에서 언급했던 이 부분 그러니까 '장애인 차별이란 개념이 장애에 대한 개인적·사회적 행동을 면밀하게 검토할 수 있는 중요한 도구로도 사용될 수 있다'는 구절을 다시 한 번 상기할 필요가 있다. 이에 따르면, 장애인에 대해 어떤 용어를 사용하는가에 따라 개인이나 사회의 장애인관을 알 수 있다는 것이다. 다시 말해 장애인에 대해 병신이라는 부정적 용어를 사용하는 사람이나 사회에서 긍정적인 장애인관을 기대하기란 어렵고, 따라서 우선 용어 사용부터 달라져야 한다. 이처럼 새로운 용어를 의식적으로 사용하고 확산하는 가운데 새로운 인식이 나올 것이다.

실제로 한국 사회가 '장애자'라는 용어를 사용하면서 장애인들이 여러 장애를 가지고 힘들게 살아가는 이웃이라는 면이 강조되기 시작했다. 그들의 곤경을 주목하기 시작한 것이다. 그리고 이 용어는 장애인, 장애우 등으로 점차 더 우호적인 용어로 바뀌어 가고 있다. 이 책에서는 사회에서 일반적으로 통용되는 '장애인'이라는 용어를 택하여 사용하고 있다.

이제, 영어에서 장애인을 가리키는 용어를 살펴보자. 간단히 일별해 보면, deformed, handicapped, disabled 등으로 변해 왔다. 한국어로 굳이 번역하자면, 불구, 결격자, 제한능력자 등으로 말할 수 있겠다. 영어에도 물론 장애인을 가리키는 다양한 경멸의 용어들이 있으며 또 현재도 사용된다. 그러나 점차 장애인에 대한 긍정적인 인식 확산을 위해 긍정적인 용어를 널리 사용하려 하고 있다.

위에서 언급한 'deformed'는 우리말의 '병신'과 비슷하다. 그러나 'handicapped'라는 용어를 쓰면서부터 장애인이 여러 가지 어려움을 겪으면서 비장애인에 비해 부족하고 손해 보는 일이 많다는 사실이 부각되었다. 그래서 우선적인 편의나 그런 장애(handicap)를 보상할 특별한 보완책(advantage)을 부여하게 되었다. 그러나 이 용어가 수동적이고 수혜적인 의미를 가졌다 해서 이번엔 'disabled'라는 용어가 사용되기 시작했다. 즉, 장애인이 여러 장애가 있는 것은 사실이지만 비장애인과 다름없는 인격체이며 단지 어떤 분야에 있어서만 능력이 제한될 뿐이라는 뜻에서이다.

둘째, 장애가 없는 사람을 가리키는 용어도 변화해 왔다.

각 장애 유형별로 장애가 없는 사람을 가리키는 용어들이 있는데, 가령 청각장애인에 대한 대칭 개념으로 '건청인' 등의 용어가 있다. 그러나 전반적으로는 '정상인'이라는 용어가 사용되어 왔다. 이 경우, 이 용어는 자동적으로 장애인이 비정상인이라는 의미를 시사한다. 그래서 최근에는 '예비장애인'이라는 용어까지 사용된다. 그러나 이 용어의 확산이나 정당성에 대해 아직 검토가 되지 않은 상태이기에 이 책에서는 '비장애인'이라는 용어를 사용하고 있다. 비장애인을 가리키는 용어이면서도 모두에게 긍정적이고 비차별적인 새로운 용어가 나오기를 바란다.

개별화 교육과 교회 학교

장애인 문제 해결은 그들에 대한 바른 이해로부터 시작된다. 우리는 흔히 장애인을 범주화하고 정태적으로 이해하는 오류를 범하기 쉽다. 그러나 소위 특정한 '시각장애인 심성'이나 '정신지체아 심성'이란 없다. 장애인 개개인은 분명 고유한 인격체이다. 또한 장애를 고정적으로 보는 시각도 피해야 한다. 설사 장애 자체는 제거될 수 없더라도 그 장애 안에서 발전할 수 있는 가능성은 얼마든지 있다.[4]

특별히 장애인 한 사람 한 사람이 독특한 개인이라는 점은 교회 학교에 시사하는 바가 크다. 사실상 교육에 있어서 대두되는 여러 가지 갈등 중 하나가 바로 집단화와 개별화의 문제이다. 즉, 각 아동에게 적절한 교육을 실시해야 하는 개별화의 요구와 실제적인 교육 가능성을 위한 집단화의 갈등이 그

것이다. 이런 문제는 일반 교육에서는 거의 해결하기 어렵다.

그런데 장애인 교육에서 개별화의 요구는 한층 더 크다. 따라서 좀더 개별화 교육을 할 수 있는 가능성이 높은 교회 학교에서 장애인 교육에 힘써야 한다. 실제로 장애아가 학교에 다니는 것보다 일주일에 한 번 교회에 다니는 것이 더 큰 변화를 낳는다는 사례가 보고되고 있다. 교회 학교는 대형화의 유혹을 벗어나서 개별화 교육의 기회를 십분 활용해야 한다. 만일 해당 교회에 장애아가 적다면 오히려 더욱 개별화가 진행될 수 있다는 역설도 가능한 것이다.

장애인과 재활

장애인의 장애란 만성적이기에 장애인 문제 해결은 그들에 대한 이해뿐 아니라 재활과도 필연적으로 결부된다.

첫째, 장애인의 재활에서 우선적으로 고려해야 할 점은 재활이 단순히 장애인에게 도움을 베푸는 차원이 아니라 그들 스스로 주체적 역할을 하게 해야 한다는 사실이다. 장애인들 편에서 재활 과정에 적극 참여하고 자신의 능력을 최대한 발휘하며 패배주의나 의존심을 극복하게 해야 한다. 그런 점에서 재활은 곧 자활(自活)이다.

둘째, 재활의 목적은 비장애인으로 복원되는 것이 아니라 건강한 장애인이 되는 데 있다. 다시 말해 장애인의 한계 내에서 건전하게 최대한의 발전을 꾀하는 일이다. 가끔 우리는 장애인의 등반 성공 기사와 같은 인간승리 식의 사건에 접하게 된다. 물론 도전적 시도라는 의의는 있겠지만 그런 도전이 재활의 목적이 될 수는 없다. 교회는 이 점에서 자칫 장애인이 빠지기 쉬운 만회 욕구를 제어하면서 인간은 장애의 유무에 상관없이 하나님의 형상으로서의 존엄성을 지닌다는 인간 이해를 거듭 천명할 필요가 있다. 또한 신앙의 이름으로 장애를 부정하고 비장애인 흉내를 내거나 헛된 희망을 버리지 못하는 데에도 목회적 돌봄이 필요하다.

셋째, 재활에는 광범위한 학제적(interdisciplinary) 협조가 필요하다. 그런데 이 분야가 아직 개척 단계이기 때문에 전문요원이 많이 부족하다. 기독교는 이런 분야에 헌신할 사람들을 더 많이 양육해야 한다. 특히 돈보다 의미를 위해 취직하는 직업인 교육이 시급하다.

사실 오늘날 장애인 문제에 대한 접근이 인본주의적 사랑 위에서 시작되는 경우가 많다. 그 결과 장애인 문제 관련자들 중에 목회자가 제외되는 경우가 많다. 이것은 장애인의 영적 문제에 공백을 초래할 뿐 아니라 복음의 배제를 야기할 수 있다. 이런 점에서 장애인 문제에 기독교가 긍정적으로 동참하며 기여할 수 있는 방안을 마련하는 일이 필요하다.

장애인에 대한 사회적 대책

앞서 언급했듯이 장애인 문제에는 사회적 측면이 크다. 따라서 사회적 대책이 요청된다. 우리나라도 현재 미흡하나마 여러 가지 정책이 시도되고 있으나 정책이 세워졌다고 다 실현되는 것은 아니다. 먼저 적절하고도 구체적인 대책을 마련해야 한다. 또한 강력한 실천의지도 있어야 한다.

첫째, 우리나라 장애인 정책은 너무도 막연하다. 가령 장애인 고용 촉진 법안도 좀더 세분화할 필요가 있다. 미국의 경우, 1936년 '랜돌프-쉐퍼드(Randolph-Sheppard) 법안'에는 연방정부의 건물 내에 자동판매기 운영권을 시각장애인에게 부여하라는 내용을 담고 있다.

우리는 특별한 분야에 대해서 하나님이 주신 상상력을 사용하여 새로운 정책을 촉구할 수 있다. 가령 장애인의 장구가 국내에서는 아직까지 완전 생산이 되지 않는다. 그래서 이 장구들을 수입하기 위해 면세 조치를 촉구하는 법안에 대한 주장이 있었다. 이뿐 아니라 대기업에 대해서 특정 장애인 장구의 생산을 의무화하는 시행령 제정 촉구 등을 생각할 수도 있다. 또한 각 회사의 홍보 등에 장애인 프로그램을 결부시키도록 조언할 수도 있다. 가령 국내에 들어와 있는 어느 컴퓨터 회사는 장애인 재활에 새로운 유망 직종인 컴퓨터 교육을 지원하는 프로그램을 제공하고 있다. 이런 식의 행사와 후원을 적어도 교인이 운영하거나 소속된 회사가 주도적으로 실시할 수 있다.

둘째, 적극적인 실천의지가 필요하다. 이제는 장애인 차별을 몰아내기 위해 전력을 기울일 때다. 여기서 '장애인 차별 폐지를 위한 십계명'을 아래와 같이 제시해 본다.[5]

1. 당신과 다른 이들이 사용하는 용어 중에서 장애인을 차별하는 용어를 가려내어 고치라.
2. 장애에 상관없이 누구나 모든 서비스와 편의시설을

제공받을 수 있도록 요구하라.
3. 장애인 차별을 하지 않는 프로그램을 시행하는 단체에게만 기금을 제공하라.
4. 장애인 차별과 싸우는 범국민적 공공캠페인을 시작하라.
5. 장애인을 고려하지 않아 결국 그들을 제외시키는 편의시설이나 프로그램의 건축, 기금에 대한 지불유예를 촉구하라.
6. 대중 매체에 나타난 장애인 차별을 지적하고 이를 폐지하기 위해서 필요한 경우 보이코트도 불사하라.
7. 전문가들에게 그들의 사역 중에서 장애인 차별을 몰아내도록 책임을 지워라.
8. 인간의 봉사는 특권이 아닌 의무로 인식하도록 요청하라.
9. 인간의 봉사 중에서 장애인 차별 철폐를 추진할 국가 및 지방단체를 강력하게 지원하고 발전시키라.
10. 장애인 차별을 지적해 내고 근절시킬 국제기구를 조성하라.

사실 이상의 내용이 당장 실현될지는 의문이지만 교회는 이런 일들의 정신적 후견 역할을 감당할 수 있다. 물론 어디까지나 교회가 앞장서고 도덕적 권위를 상실하지 않을 경우에만 가능한 일이겠지만 말이다.
장애인 문제에 대한 사회적 대책과 관련하여 구체적이고

전략적인 홍보 또한 시급하다. 장애인이 실제 이용할 수 있는 분야에 대한 홍보물, 장애인의 실태에 대한 홍보물, 장애인의 활동 및 그들을 위한 활동에 대한 홍보물, 그리고 장애인 문제에 대한 전문적인 학술지가 요청된다. 이를 위해서 주요 신문에 장애인란이 신설되어야 한다. 특히 무엇보다 기독교계 신문에서 장애인 고정란이 마련되기를 바란다. 또한 현재 난립하는 장애인 신문이나 장애인 잡지 등이 더 견실하게 발전하기를 바란다.

이상과 같은 장애인 문제에 대한 대책의 영역에서 교회가 구체적으로 할 일이 무엇인지를 지속적으로 함께 살펴 나가는 노력이 절실히 요구된다.

장애인과 목회 2

7
장애인은 교회 교역의 문제이다

장애인은 기독교가 부둥켜안고 씨름해야 할 문제라는 점에서, 넓은 의미에서 교회의 문제이다. 특히 교회의 현실적인 교역(ministry) 혹은 사역과 관련되기 때문에, 좁은 의미에서도 교회의 문제라고 할 수 있다.

이 장에서는 과거에 교회가 장애인에 대해 어떤 자세로 교역해 왔는지를 일별하고 현재는 어떤 자세로 교역하는지를 반성함으로써, 장차 교회가 장애인 교역에 있어서 어떠한 각오와 방향을 가져야 할지를 함께 생각해 보고자 한다. 지금 여기서 앞으로 교회가 감당할 교역들의 세부사항까지 일일이 검토할 수는 없겠지만, 그 교역들의 전반적인 의의와 연관성을 더듬어 보고자 한다. 그런 연후에 각 교역들에 대한 교리적이고 실천적인 의의를 살펴볼 수 있을 것이다.

바울은 갈라디아서 3장 28절에서 위대한 기독교적 인간 해방 선언을 외쳤다.

> 너희는 유대인이나 헬라인이나 종이나 자주자나 남자
> 나 여자 없이 다 그리스도 예수 안에서 하나이니라.

사실 예수 그리스도의 행적을 살펴보면 인간 차별을 한 모습은 찾을 수 없다. 예수께서는 오히려 당시 경시되었던 여성과 아동, 장애인을 당당한 하나님의 자녀로 인정하고 그들을 격려해 주셨다. 교회도 초기에는 폭발적인 복음의 능력으로 인간 차별이 없는 공동체를 구성하였다. 여성도 교회 지도자로 인정받았고 아동은 천국 시민의 모범으로 존중되었으며 장애인은 각별한 사랑의 대상으로 귀하게 여겼다.

그러나 주변 세계는 여전히 변화하지 못했으며, 인류가 여성과 아동, 장애인을 하나의 인간으로 발견하기까지는 상당한 시간을 보내야 했다. 그동안 교회는 복음으로 인한 감격을 상실하면서 사회를 변화시키기는커녕 오히려 사회와 더불어 여성과 아동, 장애인을 소외시켜 왔다. 그 이후 인류가 이들에 대한 재발견을 한 뒤 여러 조치를 강구해 나가자, 교회는 그제야 그 뒤를 좇아가는 모습을 보이고 있다.

장애인의 재발견

그렇다면 이제 인류가 이들을 새롭게 발견해 나가는 과정을 간략하게 살펴보자. 먼저, 계몽주의 시대 이후 아동도 인간임을 발견하게 되었다. 그동안 아동은 성인의 의사에 따라

좌우되는 존재로 간주되었을 뿐 고유한 인격을 지닌 존재로 인정받지 못했다. 너무도 잘 알고 있듯이, 유리 조각을 줍고 다녔다는 근대 아동교육의 아버지 페스탈로치는 "아동이 성인을 위해 존재하는 것이 아니라 성인이 아동을 위해 존재할 수 있다"는 것을 삶으로 보여 주었다. 그러나 기독교 내에서는 부쉬넬에 이르러서야 기독교 공동체가 본격적으로 아동의 위치를 인정하게 되었으며, 그나마 처음에는 이단 시비에 휘말렸다.

여성의 재발견은 19세기에서 20세기에 걸친 지난한 역사를 통해서 본격화되었다. 그러나 교회는 아직도 여성 신학 자체의 정당성에 대해 회의적인 시각을 일소하지 못하고 있는 형편이다.

장애인의 경우도 계몽주의 이후 조금씩 장애인에 대한 이해가 나아졌다고는 하나, 20세기에 들어와서야 본격적인 논의가 가능해졌다. 그리고 선진국 특히 미국에서는 1960년대를 즈음해서 장애인 복지가 본격화되었고, 이때부터 기독교의 장애인 관련 정책 및 반응이 나타나기 시작했다. 물론 그 이전에도 기독교 내에서 그러한 움직임이 전혀 없었던 것은 아니나 단속적(斷續的)이었기 때문에 큰 흐름을 만들지는 못했다. 따라서 오늘날 한국 교회의 장애인 정책이 미비한 것은 어쩌면 역사적으로 볼 때 당연한 일인지도 모르겠다.

그런데 과거 교회와 장애인의 관계를 살펴보면 오늘날에도 시사하는 바가 크다. 앞서 이야기했듯이 초대 교회에서 장애인이 교회로부터 받은 사랑과 관심과 관련한 예는 쉽게 찾아볼 수 있다. 그러나 다른 한편으로는 장애인들의 일탈된 행동이 차츰 악마론과 연결되어 장애인을 사탄의 영역에 속한 것으로 이해하는 움직임이 자리 잡았다. 성서에서는 모든 장애를 악마론과 연결 짓지는 않았으나, 극단화된 악마론 신학은 장애인을 박해하는 이론적 근거가 되었다. 특히 지체장애와 정신질환을 지닌 장애인이 그 대상이 되었다. 이에 비해서 청각장애인과 시각장애인은 그나마 나은 대접을 받은 것이 사실이나 이들 역시 사회의 하층생활을 면할 수는 없었다. 오늘날도 정신질환과 사귀(邪鬼) 들림의 미묘한 관계는 신학과 목회상담이 해결 해야 할 숙제이다. 그러나 현재도 일방적인 악마론적 신학에 기초한 사람들은 정신질환자를 보호와 사랑의 대상보다는 전투의 대상으로 삼는 경향을 자주 보게 된다.

여하튼 교회사를 보면, 장애인에게 관심을 보이는 긍정적인 측면보다는 장애인을 박해하는 신학적 역기능을 하는 등 부정적인 측면이 더 강하였다. 그리고 적어도 교회는 그 긴 세월 동안 장애인에 대한 사랑의 불길을 고취시키는 데 실패해 왔다. 오히려 장애인에 대한 재발견은 교회보다는 일반 사회에서 더 많이 이뤄졌다. 그리고 장애인에 대한 관심은 초기에는 주로 특수교육의 영역에서 개별적인 배려의 형태로 나타나기 시작하였는데, 이러한 시도도 정작 신학자나 목회자가 아닌 교육자와 의사들에 의해 이뤄져 왔다. 따라서 오늘날 교회가 장애인 문제에 접근하기 위해서는 기존의 이러한 움직임을 그리스도의 정신으로 승화시키겠다는 자부심을 내세우기 전에, 먼저 선구자적 역할을 해 온 일반 사회와 교육의 노력을 인정하고 배우는 겸손한 자세가 필요하다. 한마디로 말해 교회는 아직 이 분야에서 사회를 배워야 하는 것이다.

이제까지의 장애인에 대한 교회 역사를 요약한다면, 교회는 일반적으로 장애인에 대해 무지했고 무관심했으며 무력했고 무책임했다. 특히 정신적 장애를 지닌 장애인에 대해서는 무력하기 그지없었다. 오늘날 장애인 선교에서도 이와 비슷한 양상을 보인다. 청각장애와 시각장애, 지체장애를 대상으로 하는 선교나 또는 그런 장애를 지닌 사람이 주도하는 선교는 어느 정도 활발한 것이 사실이다. 그러나 정신질환과 정신지체장애를 가진 장애인을 대상으로 하는 선교는 극히 미비한 것 또한 사실이다.

이처럼 장애인 선교 내에서도 차별적 현상이 있어 왔다. 이런 현상이 나타나는 것은 외견상으로 보면 당연한 일로 여겨진다. 현실적으로 정신장애를 지닌 사람이 어떤 일을 주도적으로 하기 위해서는 더욱더 어려움을 겪게 마련이기 때문이다. 그러나 그런 소극적 양상을 그냥 묵과할 수만은 없다. 그 이유는 두 가지를 들 수 있겠다.

먼저, 현실적인 이유에서이다. 단순한 생존경쟁 식의 판도에 장애인 선교를 내맡길 수는 없다. 다시 말해 장애인 선교를 장애인 선교끼리의 경쟁이 되게 하거나 장애인 선교 자체의 생존력에만 내맡길 수 없다는 말이다. 장애인 선교가 그 성격상 '능력'(ability)보다 '필요'(need)에 더 관심을 갖는 사역인 만큼, 우리는 능력보다 필요를 사역의 기준으로 삼아 필요가 더 큰 분야를 집중적으로 후원해야 하기 때문이다. 교회는 장애인 선교에 있어서 전체적으로 균형 잡힌 발전을 염두에 두어야 한다. 지역 교회나 교단 차원의 교역뿐 아니라 선교단체 지원에 있어서도 이 같은 폭넓은 시각을 잃지 말아야 하는 것이다.

두번째로, 신학적 이유에서이다. 신앙은 지정의(知情意)를 총괄한 전인적 행위인데, 이제까지는 실제 종교 교육에 있어서 지적 요소가 강조되고 중심이 되어 온 것이 사실이다. 가령 교리 교육의 구조를 살펴보면 신앙 내용에 대한 지적 이해에 치중되어 있다. 이런 상황에서는 지적 기능이 불완전한 장애인에 대한 종교 교육이 불가능한 것이 사실이다. 아니, 불가능하다고 단념한 것이 사실이다. 그러나 정말 불가능한가? 현재 불가능하다고 해서 아무런 행동도 취하지 않아도 괜찮단 말인가?

피에로 이야기

정신지체장애의 예를 한번 들어보자. 대부분의 사람은 정신지체장애인의 종교 교육을 불가능하다고 여기고 기껏해야 사랑으로 감싸는 정도로 만족하려고 한다. 그러나 정신지체장애는 경(輕), 중(中), 중(重)의 3단계로 나뉘는데, 정신지체장애의 85퍼센트 이상이 교육이 가능하다. 따라서 현 단계에서 교육 불가능자는 불과 15퍼센트 미만이다. 그렇다면 일반 교육도 이 85퍼센트에 속하는 장애인에게 무엇인가 교육을 시도하려고 애쓰는데, 생명의 도를 가르칠 교회가 미리 포기

한다는 게 어디 말이 되겠는가?

이미 미국에서는 정신지체장애인을 대상으로 하는 성경공부가 어느 정도 진전되고 있다. 그렇다면 우리도 속히 도전해야 할 것이다. 그리고 가능하면 나머지 15퍼센트에 속하는 장애인에게도 맞는 방법을 찾기 위해서 기도해야 하리라. 물론 정신지체장애인이 교육 가능하다고 해서 일반인의 수준까지 이를 수 있다는 말은 아니다. 여기서 정신지체장애아의 신앙체험에 관한 한 일화를 살펴보자.

피에르는 열네 살짜리 정신지체장애아이다. 어휘구사 능력이 30에서 40단어 정도로 제한되어 있다. 피에르는 친구와 더불어 견진례(confirmation, 가톨릭의 7성사(聖事) 중 하나로 세례를 받은 뒤 새롭게 성령과 그 은총을 풍부히 받고 영혼에 그리스도의 병사로서의 지워지지 않는 인호(印號)를 받는 의식—편집자)를 받았다. 견진례가 있은 지 2주 후에 피에르와 친구들에게 당시 체험을 그림으로 그려 보라고 시켰다. 피에르가 그린 것을 보니 그림이라기보다는 낙서에 가까웠고 크레용도 손가락으로 쥐고 그리는 대신 주먹으로 움켜쥐고 그렸다. 그리고 계속 낙서처럼 뭔가 그려 나갔다. 그러나 그 결과는 놀라운 메시지, 곧 복음이었고 그로 인해 피에르는 복음의 메신저가 되었다.

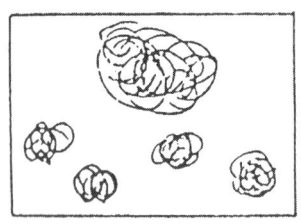

그림 1

교사: (위쪽의 큰 뭉치를 가리키면서) 자, 위에 있는 이게 뭐지?

피에르: (얼굴이 밝아지면서 되풀이 말한다) 성령! 성령! 성령!

교사: (아래의 뭉치 중 하나를 가리키면서) 자, 이 아래에 있는 것은 뭐지?

피에르: (자기를 자랑스럽게 가리키면서) 피에르! 피에르!

교사: 그러면 이것은 성령이고, 이것은 피에르구나!

피에르: (주먹으로 크레용을 쥐더니 성령을 가리킨 위의 뭉치와 자기를 가리킨 아래 뭉치를 선으로 이었다) 성령, 피에르, 사랑해…… 피에르, 성령, 사랑해! (그는 여러 번 이 말을 되풀이했다. 그리고 계속해서 친구 이름을 부르면서 같은 행동을 반복했다. 앙뚜와네뜨, 질베르, 마리……)

교사: (나는 피에르가 앙뚜와네뜨를 자기 옆에 놓은 것에 흥미를 느꼈다. 피에르와 앙뚜와네뜨는 평소 자주 싸우는 편이었기 때문이다. 나는 피에르를 가리키는 뭉치와 앙뚜와네뜨를 가리키는 뭉치를 손으로 짚었다. 그는 나를 쳐다보며 알았다는 듯이 웃었다. 그리고는 크레용을 다시 쥐면서 피에르 뭉치와 앙뚜와네뜨 뭉치를 연결시키면서 "피에르 앙뚜와네뜨 사랑해! 앙뚜와네뜨, 피에르, 사랑해!"라고 말하면서 흥얼거렸다. 그리고는 다른 친구와도 다 연결시켰다.)

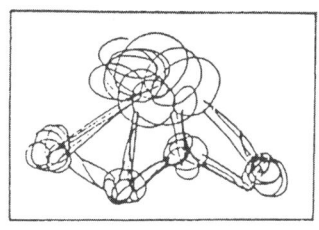
그림 2

(우리 눈앞에 있는 것은 낙서 같은 한 장의 그림이요 상징도 빈약하고 말도 빈약했지만, 피에르는 할 말을 다 하고 이해할 것은 다 이해한 셈이었다. 그가 신이 나서 이것을 반복하자 친구들이 몰려들었다. 그는 이제 복음의 메신저까지 된 것이다. 복음은 바로 '하나님에 대한 사랑, 이웃에 대한 사랑'이 아니던가!)[1]

물론 피에르가 알아야 할 것은 더 많다. 그러나 피에르가 이 만큼만 안다고 해서 굳이 그를 교회의 일원으로 받아들이는 데 주저할 이유가 있을까? 우리가 정신장애인을 가르치는 일도 모험이요 교회의 일원으로 받아들이는 일도 모험이다. 그러나 신앙이란 바로 모험 아닌가? 교회는 기존의 지적 교육 위주의 종교 교육과 이에 기초한 세례 수여의 전통에서 한 걸음 더 나아가야 한다. 지적 이해만이 신앙의 유일한 기준이 아니라면 말이다. 즉, 장애인에 맞는 교육, 장애인까지 포용할 수 있는 신학을 제시해야 하는 것이다.

설리번· 몬테소리· 수정 교회의 사례

우리는 또한 일반적으로 장애인에 대해 무력했던 교회의 역사 속에서도 보석처럼 아름다운 사건들을 발굴해 냄으로써 오늘날 교회의 지침으로 삼을 수 있다. 특수교육에서 가장 획기적인 사건은 헬런 켈러와 설리번 선생의 일화이다. 헬런 켈러는 특수교육의 가능성을 몸으로 입증한 예이다. 헬런 켈러를 교육한 설리번 선생은 미국에서 시각장애인 교육을 선도했던 퍼킨스의 제자이다. 그러나 동시에 그리스도의 제자이기도 했다. 그의 사랑의 결과로 헬런 켈러는 요한일서 3장 11절에 나오는 "우리가 서로 사랑할지니"라는 말씀을 가장 좋아하게 되었다. 이처럼 교회는 장애인 사역에 헌신할 사람의 마음에 사랑을 심음으로써 이 사역을 승화시킬 수 있다. 우리가 종종 접하는 복지 시설의 악습과 착취, 학대 등은 이 문제가 결코 제도의 개선과 발전만으로는 완성될 수 없음을 시사하고 있는 것이다.

또한 교회는 일반 사회에서 이뤄지는 장애인 복지의 상업화 경향도 지적해야 한다. 일례로, 우리가 잘 아는 몬테소리 교육은 원래 정신지체장애아를 대상으로 한 교육이었다. 몬테소리 여사는 세강이라는 학자의 특수교육 방법을 정신지체장애에 적용하면서 장차 일반 유아교육에도 적용될 것을 기대했다. 그러나 오늘날 그녀의 기대대로 몬테소리 교육은 일반 교육에는 폭넓게 적용되고 있으나 정작 정신지체장애를 위한 몬테소리 교육은 번성하지 않고 있다. 이런 사실은 아무리 좋은 아이디어가 나온다 해도 상업적 동기와 결부되지 않고는 발전할 수 없는 현실을 잘 말해 준다. 이와 아울러 교회는 장애인 복지 내에서의 빈익빈 부익부의 소지도 염두에 두어야 한다.

그런가 하면 '수정 교회'로 유명한 미국의 '가든 그로브 처치'의 설립 일화도 우리에게 교회의 창조적인 면을 시사해 준다. 이 교회는 오늘날 로버트 슐러 목사의 긍정적인 신앙과 대형 교회 등으로 널리 알려져 있지만 장애인 선교의 한 가능성을 보여 준다. 슐러 목사는 처음에는 '드라이브 인'(drive in) 극장(자동차를 타고 주차한 상태로 영화를 보는 극장—편집자)을 주일에만 빌려서 교회를 시작했다. '드라이브 인 처치'를 시도한 셈이다. 첫 주는 불과 열두 대가 왔다. 그러다 점차 교인이 늘어났는데, 어느 날 워렌 그레이가 중풍으로 꼼짝 못하는 아내를 태워 교회로 데리고 왔다. 그의 아내인 로지는 비로소 예배를 드릴 수 있게 되었다.

이후 슐러 목사는 조그만 예배당을 건축했고 교인들은 이제 드라이브 인 교역을 중단하자고 했지만 장애인이 있는 한 그럴 수 없다고 거절하고는 '로지를 위해' 그 사역을 계속했다. 일반 교회와 드라이브 인 교회를 동시에 운영했던 것이다. 그러던 중 그는 두 개의 교회를 합친 교회를 구상했다. 그것이 바로 수정 교회이다. 다시 말해 교회 안에서 예배드릴 수도 있고 차에 탄 채 예배를 드릴 수도 있는 교회 말이다.

건축이 진행되던 중 건축기금이 2천 불 모자랐다. 슐러 목사는 구두쇠로 유명한 워렌 씨에게 요청했고 뜻밖에도 그가 수락을 했다. 그 후 기공식 다음 날, 로지는 사망했다. 지금도 장애인이 차를 타고서 예배드릴 수 있는 수정 교회는 그 외면보다 설계의 구상이 더욱더 아름답다.

끝으로 우리나라의 경우, 한국의 장애인 선교와 특수교육은 홀(Hall)이라는 의사 겸 선교사에게서 시작되었다. 하지만 이후로 특수교육과 장애인 선교가 모두 유명무실해졌다가 오늘날에 와서 다시 되살아나고 있는 형편이다. 사실 우리나라는 기독교가 선교와 특수교육을 동시에 시작한 자랑스러운 역사를 가진 나라이다. 그래서 과거의 역사를 살피면 실제로 기독교인이 이 양면에서 활발한 사역을 감당했음을 발견하게 될 것이다.

이제까지의 이야기를 종합해 보면, 교회는 과거의 무능을 반성하는 한편 그동안 눈에 띄지 않은 잠재력도 인정해야 한다. 또한 과감히 자기 변혁을 시도하여 비장애인 위주의 교회에서 장애인까지 수용하는 교회로, 안주하는 교회에서 모험하는 교회로 나아가야 할 것이다. 아울러 창조적인 생각을 펼쳐 나가면서 장애인 문제가 또 다른 문제의 원인이 되지 않도록 그 순수성을 고수하고 균형 있는 발전을 하도록 노력해야 할 것이다. 그리고 이 일에 헌신할 사람을 사랑으로 키워야 할 것이다. 실로 교회는 장애인 문제의 직접적인 주체로, 간접적인 후원자로, 나아가 객관적인 감시자로 그 역할을 감당해야만 할 것이다.

8
장애인은 목회의 문제이다

장애인은 교회가 관심을 갖고 대처해야 할 문제이다. 따라서 교회의 핵심적인 역할을 감당하는 목회자의 문제이기도 하다. 그렇다면 장애와 목회는 구체적으로 어떤 관계가 있는가?

이 문제를 본격적으로 다루기란 쉽지 않은 일이다. 그 이유를 몇 가지 들어 보겠다. 첫번째로, 장애에 대한 개념은 아직 확정된 것이 아니라 정립되어 가고 있는 중이다. 두번째로, 설사 장애의 개념이 확정되었다 하더라도 장애의 문제가 현실적인 상황에서는 기타 여러 가지 문제와 결부되어 있기에 매우 복잡한 양상으로 나타난다. 세번째로, 오늘날 목회의 개념 자체도 복잡 미묘해졌기 때문에 한두 마디로 목회를 규정 짓기가 어렵다. 그러나 여하튼 장애는 우리가 직면하는 현실이며 교회의 중심적인 활동인 목회도 계속 진행되고 있는 만큼, 기본적인 차원에서나마 양자의 관계를 논할 필요성은 매우 시급하다고 하겠다.

이미 1950년대 중반에 리차드 니이버는 그의 저서 《교회의 목적과 그 교역》에서 목사를 "목회적 지도자"(pastoral director)라고 규정함으로써 현대 목회의 다원성과 그에 따른 목회자의 다변적 역할을 제시한 바 있다. 이것을 시발로 그 이후에 현대 목회의 다원화와 목회자의 다원적 측면을 논한 서적이 줄을 잇게 되었다. 심지어 《내일의 세계를 위한 오늘의 목사》라는 저서에서는 목사의 기능을 여덟 가지 측면에 걸쳐 방대하게 제시하기까지 한다.

그러나 아직도 이런 다변화 목회에서 장애인에 대한 목회의 측면은 부각되지 않고 있는 것이 현실이다. 더구나 최근에는 다양한 특수 선교 분야가 목회의 한 영역으로 제기되고 있는데도 불구하고 거기에서조차도 장애인 선교는 경시되고 있는 실정이다. 하지만 특수 선교로서의 장애인 선교는 뒤에서 다루기로 하고 지금 이 자리에서는 주로 목회적 측면에서 장애인 문제를 다루고자 한다.

아무리 현대 목회와 목회자 상이 급격히 변모한다 해도 교회에 미치는 목회자의 영향은 거의 절대적이라고 할 수 있을 만큼 막중하다. 따라서 한 교회의 목사가 지니는 장애인에 대한 인식과 그에 근거한 목회 방침은 장애인 문제에 있어서 성패를 가릴 만큼 중요하다. 오늘날 교회가 장애인 문제에 소극적이고 무력한 이유 중에서 가장 큰 이유를 꼽는다면, 이 분야에 대한 교역자의 일반적인 무지와 무관심 탓이라고 해도 과언이 아니다. 교역자는 이 문제에 대해 선도적인 지식과 관심을 지님으로써 교회가 적극적이고도 창조적인 사명을 감당하도록 인도해야만 한다. 장애인 문제에 있어서 목회자는 교회 내적인 영역과 교회 외적인 영역에서 기여할 수 있다. 그리고 교회 내적인 영역은 다시 교역자 자신이 감당할 고유한 영역과 교인들을 지도하고 활동케 하는 영역으로 구분할 수 있다.

교회 내적인 영역에서

먼저, 교역자는 장애인에 대한 신학적 이해를 갖추어야 한다. 물론 아직까지 본격적인 장애인 신학이 나오지 않았기 때문에 일반 교역자가 장애인에 대해 잘 모를 수도 있다. 그러나 복음의 본질에 대한 성찰, 현대 목회 중에서 기독교상담(좁게는 목회상담)이 장애인 문제에 대해 보이는 관심, 일반 사회의 장애인 의식 등에서 어느 정도 장애인 문제에 대한 인식을 갖출 수 있다.

교역자가 장애인에 대해 가져야 할 인식 중에서 가장 중요한 것은 장애인이 결코 이류 인간도 이류 교인도 하나님의 이류 자녀도 아니라는 사실이다. 장애인은 결코 일방적인 수혜 대상이나 일반 목회가 잘 이뤄지고 난 다음에 돌봐도 좋을 이차적 대상이 아니다. 심지어 장애인 없이도 교회나 천국이 가능하다는 생각을 하기도 하는데 절대 그렇지 않다. 따라서 장애인도 하나님의 사랑과 구원이 필요한 하나님의 자녀이며 한 인격을 지닌 당당한 인간임을 분명히 인식하여 전도와 목회의 대상으로 여겨야 할 것이다.

또한 교역자는 장애인을 죄인이나 귀신에 사로잡힌 자로 여기는 신학적 오류에서 자유로워야 한다. 만약 교역자가 장애인에 대한 편견에서 자유롭지 못하다면 일반 교인의 경우야 더 말할 나위도 없다. 앞서도 언급했지만 인간의 곤경과 영적 문제의 상호관계는 분명히 목회적 관심의 대상이지만 자칫 장애와 죄를 동일시하는 기계론적인 이해는 일종의 미신으로 둔갑하기 쉽다.

이제 목회자가 교회 내적인 영역에서 할 수 있는 교역들을 살펴보자. 먼저 설교를 통해서 장애인 문제를 다룰 수 있다. 가령 '한 생명이 천하보다 귀하다'는 주제를 통해 장애인이 어떤 이유로도 무시될 수 없음을 제시할 수 있다. 또한 장애인을 잔치에 초대하는 것이 천국의 표징으로 나타나는 예수님의 비유를 통해, 장애인은 전도의 대상이며 장애인과 비장애인이 한데 어울려서 교회를 이룸으로써 천국의 모습을 지상에서 나타낼 수 있음을 제시할 수도 있다.

어거스틴은 《믿음, 소망, 사랑》이란 저서에서 현재 장애아동이 장차 부활 시에는 온전한 모습을 갖추게 된다고 말하면서 장애아동에 대한 관심을 표한 바 있다. 교회는 이런 교회사적인 관심들을 발굴하고 그런 전통을 이어 나가면서 장애인에게 관심을 가져야 한다. 어거스틴이 제기한 것처럼 장차 장애 문제가 해결되는 것이 천국의 모습 가운데 하나라면 지상에서 천국을 가리키는 표지가 되는 교회가 왜 이 문제를 소홀히 여기고 있는가?

교역자는 또한 장애인들을 모아 그들에게 설교를 할 수 있는 집회도 가질 수 있다. 소위 총동원 집회를 장애인에게 적용하는 것이다. 교인들에게 장애인 전도를 강조하고 그 지역의 장애인을 초청하여 복음을 듣게 하는 것이다. 통상 인구의 10분의 1을 장애인으로 계산하고 있는 만큼 전도에 있어서도 장애인은 무시할 수 없는 대상이다.

교역자는 예배에 있어서도 장애인을 위한 특별 프로그램을 마련할 수 있다. 시각장애인을 위해 점자성경을 비치한다거나 청각장애인을 위해 수화 통역인을 교인 중에서 훈련시키는 일도 장애인이 예배에 참여하도록 유도하는 한 방법이다. 물론 교회 시설도 장애인을 염두에 두어야 한다. 가령 계단이 아닌 램프나 장애인을 위한 화장실을 마련하거나 엘리베이터를 설치하는 일 등 말이다.

교역자는 기독교 교육 측면에서 장애인 문제에 기여할 수 있다. 이것은 두 가지 측면에서 구별된다. 첫번째로, 교인 전체를 대상으로 한 교육이다. 비장애인과 장애인이 만날 때 더 곤란을 겪는 측은 오히려 비장애인이다. 따라서 이들에게 장애인에 대한 인식을 바로잡아 주고 고취하는 교육을 지속적으로 해야 한다. 두번째로, 장애인부를 통한 교육이다. 만일 한 지역 교회에서 장애인부를 운영하기 어려운 경우는 인근 지역 교회나 근접한 동일 교단의 교회가 연합하여 이 일을 할 수 있다.

목회 사례를 통해서 볼 때 장애인들 특히 정신지체장애아동이 일반 특수교육 시설에서 경험할 수 없는 영적인 은총을 교회 장애인부에서 맛보아 여러 가지 면에서 크게 변화하고 성장하는 사례가 많이 보고되고 있다. 또한 이런 장애인 선교 및 교육을 통해 장애인 가족과 친지가 복음을 접하는 경우도 많다. 아직 한국 교회의 실정에서는 이 분야가 초기 단계라서 어려운 점이 많지만 교회의 손길을 간절히 기다리는 분야임은 틀림없다.

  교역자는 특수 목회를 통해 장애인 선교를 하는 단체를 후원함으로써 간접적 교역을 할 수 있다. 이것이 활성화될 때 특수 목회도 발전하며 교회 내에서 그 분야에 관심을 갖는 교인들에게 건전한 참여의 기회를 부여할 수도 있다. 이 문제는 뒤에서 좀더 자세히 다루기로 하겠다.

  사실 교역자가 장애인 문제와 관련한 교회 내적인 활동에서 가장 많은 역할을 감당하는 부분은 상담 분야이다. 선천적 장애일 경우 '부모에 대한' 위기상담이 필요하며 동시에 신생아에 대한 대책이 필요하다. 목사는 먼저 장애인 부모가 그들의 문제를 극복할 수 있도록 위기상담을 시행하고, 장애가 지속적인 경우 지지적(supportive) 목회상담을 시행해야 한다. 이를 위해서는 전문가를 동원하여 자녀가 그 장애를 지닌 채 성장 발전할 수 있는 가능성을 판정하여 장기적 계획을 수립할 수 있는 토대를 마련해야 한다. 또한 다른 장애인 부모를 만나 충고와 위로를 듣고 협력하게 한다. 아울러 교회의 다른 지체가 이 가족을 장단기적으로 돌볼 자원봉사 체계를 마련해 준다.

  반면에 후천적 장애일 경우 '장애인 당사자에 대한' 위기상담이 중요하다. 우선, 목사는 장애인을 잘 이해해야 한다.

실제로 이 일은 대리적 공감(vicarious sympathy)을 해야 하는 목회자의 직분상 다른 사람에 비해 더욱 용이할 수 있다. 또한 다른 사람과 교제하게 하며 특히 동일한 장애를 극복한 신앙인과 관계를 맺게 해 주어야 한다. 그래서 장애인 스스로 자기의 가능성을 발견하게 도와준다. 장애인은 성장이냐 안정이냐 하는 갈등 속에서 자칫하면 안정을 택하면서 현실 안주에 머물 가능성이 무척 크기 때문에 건전한 소망을 심어 주는 것이 특히 필요하다. 더불어 자신의 현실을 인정하면서도 가능한 한도 내에서 장애를 극복하려는 의지를 심어 주어야 한다. 장애인들은 부정적 심리 상태로 인해 자신의 장애를 거부하거나 악용할 수 있기 때문이다.

이처럼 장애가 선천적이든 후천적이든 장애인의 문제는 장애인 혼자만의 문제가 아니다. 장애는 인간관계를 훼손시키며 특히 소외 현상을 자아낼 가능성이 높다. 그러기에 배우자와 가족, 나아가 다른 사람들과의 관계 회복과 그 관계의 건전한 유지에도 관심을 가져야 한다. 가령 후천적 장애의 경우 배우자와 성적·경제적 이유로 이혼 내지 유기되는 상태도 종종 보고되고 있다.

또한 교역자는 혼전상담이나 신앙상담을 통해 선천적 장애를 미연에 방지할 수 있다. 가령 만 35세 이상의 산모는 장애아동 특히 정신지체장애아를 낳을 가능성이 상당히 높기 때문에 이에 대한 조언이 요망된다.

마지막으로 교역자는 교회가 바로 '치유 공동체'(healing community)로 발전할 수 있도록 목회 방침을 정할 수 있다.

최근 치유에 관한 신학적 관심이 높아지고 있다. '치유 공동체'란 개념은 그 자신이 장애인이었던 헤롤드 윌키(Harold U. Wilke)가 주창했는데, 교회 전체가 장애인이나 치유가 필요한 사람에게 적극적인 관심을 기울여 그들을 발견하고 수용하고 돕는 일을 말한다. 인간은 누구나 치유가 필요하고, 또 치유가 필요한 처지에 놓일 가능성이 높다. 따라서 이 사역이 본격화되면 모든 성도가 참여할 동기 부여는 충분하다고 하겠다.

교회 외적인 영역에서

교역자는 교회 외적인 영역에서도 장애인 문제에 기여할 수 있다. 먼저 지역 사회의 장애인에 대해 관심을 가지고 지원할 수 있으며, 나아가 지역 사회에 위치한 장애인 시설과 장애인을 돕는 단체와 긴밀한 협조 관계를 유지할 수도 있다. 최근에 타종교에서조차도 사회 선교에 대한 관심이 높아지고 있는데, 이런 움직임을 선도하고 주도해 나가는 적극적인 자세가 필요하다.

교역자는 또한 장애인 문제에 대한 사회적 대책에 공동 대처할 수 있다. 건전한 법안에 대한 관심과 홍보, 공동 지원 및 여론 형성에 기여할 수 있다. 교회의 침묵과 냉담은 그 자체가 역기능을 감당하고 있다는 것을 잊어서는 안 된다.

이상으로 교역자의 역할을 간단히 살펴보았다. 그러나 더 나아가 이런 교역자를 배출하는 신학교도 이 기회에 검토할 필요가 있다. 신학 교육은 단기적으로는 교역자의 의식을 형성하고, 장기적으로는 그들을 통해 모든 교인의 의식을 형성하기 때문이다.

현재 한국 교회에서는 이 장애인 문제를 신학적으로 이끌어 나갈 신학을 제시하지 못하고 있는 형편이다. 이미 장애인 문제가 사회에서 거론되고 선진국 교회에서 관심의 대상이 되고 있지만 한국 교회와 신학교는 일반적으로 몽매한 수준에 머물러 있다고 말할 수 있다. 따라서 신학생에게 장애인 문제를 제대로 교육하고 지도할 수 없는 형편이다. 비장애인 신학생에 대해서는, 장애인에 대한 바른 인식을 갖도록 하여 장차 목회 현장에서 장애인 문제를 다룰 비전과 능력을 갖추게 하는 일에 역부족이다. 또한 장애인 신학생에 대해서는, 자신들의 문제에 대한 신학적 해명과 아울러 장차 장애를 가지고 교역할 수 있는 비전을 제시하지 못하고 있다.

또한 대개는 신학교 커리큘럼상 장애인 문제를 접할 기회도 없다. 이를 위해서 장애인 문제를 접할 교과 과목 설정이 필요하고 인근 장애인 시설 및 기관과 교류도 필요하다. 성공회대학교의 경우, 장애인 시설이 함께 있어 신학생들이 재학 중에 자연스럽게 장애인을 이해하고 관심을 갖게 되는 것은 좋은 예가 되겠다.

장애인 문제는 일반 목회의 문제일 뿐 아니라 특수 목회의 문제이다. 다원화되는 현대 목회에서 목회의 장을 넓히는 한편 시급한 목회적 문제에 대처하기 위해서는 장애인 문제에 대한 신학과 목회적 관심이 현 시점에서 매우 시급하다. 이를 위해 신학자와 일반 목회자, 특수 목회자의 긴밀한 협조가 요망되고 있다. 결론적으로 말해 교역자는 직간접적으로 장애인을 위해 뭔가를 해야만 한다.

장애인은 선교의 문제이다 9

선교는 교회의 본질적인 측면 중 하나다. 선교의 중요성이 막중하기 때문에 혹자는 선교를 교회 사역 중 하나가 아니라 교회 사역 그 자체라고 일컬을 정도이다. 여하튼 오늘날에는 선교에 대한 관심이 고조되고 있으며 이와 아울러 선교의 다원화 현상을 목도하게 된다. 이러한 교회의 선교적 사명에 대한 재각성은 우리의 관심인 장애인 문제와도 긴밀하게 연결되어야 할 것이다. 장애인 문제와 선교의 관계를 검토함으로써 교회는 장애인 사역에 대한 사명을 상기하고 교회의 선교적 활동이 강조되는 시대적 상황에 적극 부응해야 할 것이다.

선교의 3단계 발전 과정

주님의 지상명령을 받은 사도들이 세계 선교에 헌신한 이래로 교회는 선교의 사명에 충실하고자 애써 왔다. 특히 현대는 선교의 붐이 크게 일었던 시기로서 선교 역사의 한 획을

긋고 있다.

현대 선교는 흔히 3단계의 발전 과정을 거쳐 왔다고들 말한다.

첫째는, '해안선 선교'(coastland mission) 단계로 당시의 교통수단이었던 해상 교통의 한계로 인하여 주로 해안선에 위치한 거점 도시를 중심으로 선교가 진행되는 단계를 말한다. 해안선 선교의 대표적인 선교사는 윌리엄 캐리(William Carey)이다.

둘째는, '내지 선교'(inland mission) 단계로 선교가 해안선에 위치한 거점 도시를 벗어나 선교 대상 국가 속으로, 즉 내지로 진행되어 나가는 단계를 말한다. 내지 선교의 대표적인 선교사는 허드슨 테일러(Hudson Taylor)를 들 수 있다.

셋째는, '종족 선교'(unreached people mission) 단계로 기존의 선교가 선교 대상을 국가 단위로 생각한 것에 비해 종족 단위로 생각해야 한다고 주장하면서 인식의 틀을 바꾼 선교이다. 즉, 국가 단위로만 선교가 진행될 경우 그 안에 살고 있는 다양한 종족에게는 각 종족들의 독특한 문화와 언어의 차이로 인해 실질적인 선교가 이뤄지지 않는다는 것이다. 사실 오늘날 전 세계적으로 약 200개의 국가가 있지만 학자들에 따라 다소 차이는 있으나 대략 1만 개의 종족이 존재한다고 추산된다. 그렇다면 한 국가당 평균 50개 종족이 살고 있는 셈이다. 극히 일부 국가를 제외하고는 거의 모든 나라가 다종족(multi-ethnic), 다중언어(multi-lingual) 국가인 셈이다. 종족 선교의 대표적인 선교사는 윌리엄 타운젠드(William

Taunsend)와 도널드 맥가브런(Donald McGavran)인데, 이 두 사람은 각기 다른 지역에서 제각기 상이한 문제로 씨름하였으나 거의 동시대에 이런 문제점을 발견하여 종족 선교의 길을 열게 되었다.

종족 선교와 장애인 선교

이상의 세 단계 중에서 종족 선교가 장애인 선교에 시사하는 바가 많기에 좀더 자세히 살펴보기로 하자. 종족 선교는, 국가 단위로는 전체적으로 복음이 전파되었지만 아직도 사회 각 계층 속에서 복음을 접하지 못한 사람들에게 선교하는 것을 말한다. 오늘날 세계 선교는 대략 이 단계에 돌입했다고 본다. 세계 각국에 복음이 전해진 것은 사실이나 여전히 복음의 손길이 닿지 못한 부류가 많다. 그래서 단순히 지리적인 차원에서가 아니라 사회적인 차원에서 선교의 손길에서 벗어난 계층을 주목하고 그들에게 선교하는 것이 필요하다.

사실 이들이 복음의 손길 밖에 있게 된 이유는 다양하다. 종족 선교가 처음 시작될 때는 주로 종족 단위로 그들 상호 간의 언어와 문화의 차이에 주목했다. 그러나 이 밖에도 인종, 성, 신분, 계층 등 여러 가지 요인들이 인간 집단을 구성하고 있으며 바로 이것들이 선교의 장벽으로 작용한다. 즉, 언어와 문화의 차이뿐 아니라 정치, 경제, 사회적 차이 나아가 생물학적·생태학적 차이까지 선교의 장벽으로 작용한다는 말이다. 따라서 어떤 인간 집단의 특성을 파악하고 거기에 맞춰 선교 정책과 실천 방법을 짜야 할 필요가 생긴 것이다.

그런데 이 같은 다양한 인간 집단들 중에서 무시하지 못할 영역이 바로 장애인이다. 장애인은 전 세계 어디에나 있다. 그리고 그들이 거주하는 국가는 대개 선교를 받은 경험이 있고 더러는 교회 활동이 왕성함에도 불구하고 장애인들이 복음과 선교의 대상에서 제외되는 경우가 많다. 우리나라도 예외는 아니다. 한국 교회는 전 인구의 4분의 1을 교인으로 자랑하면서도 정작 교회 내의 장애인 교인 수는 극히 미미하다. 장애인의 수는 대략 인구의 10분의 1로 잡는다. 그렇다면 오늘날 인류를 60억으로 잡았을 때 장애인의 수는 약 6억에 이르는 셈이다. 이 수는 중국 인구의 절반이며 인도 인구에 버금가는 수이다. 이처럼 장애인 선교는 엄청난 규모의 선교적 과제인 것이다. 그러나 정작 장애인 선교의 실태는 거론하기도 어려울 정도로 약세이다. 아니 그 이론적 기초도 제대로 마련하지 못한 상태이다.

과거의 선교가 주로 지리적 장벽을 넘는 일이었다면 장애인 선교는 편견과 몰이해와 무관심의 장벽을 넘는 것이다. 지금도 이 땅에서 장애인이라는 이유만으로 복음에서 제외된 사람들에게 교회는 분명히 선교의 빚을 지고 있는 셈이다. 따라서 교회는 장애인들에게 효율적으로 복음을 전파할 대책을 서둘러 마련해야 한다.

이미 언급했듯이 장애인은 비장애인의 경우와 달리 의사소통을 하는 데 어려움을 많이 겪기 때문에 특별히 그들에게 맞는 복음 전파 방법을 개발하는 일이 시급하다. 그뿐 아니라 이들이 겪는 사회적 소외로 인해 아예 복음 전파의 기회가 박탈되는 경우가 많다는 사실도 인식해야 한다. 그리고 장애인은 특히 하나님의 형상인 인간의 훼손된 모습을 집약적으로 지니는 경우가 많기 때문에 단순한 복음 전파뿐 아니라 광의의 선교적 관심이 요청된다. 그들의 삶에는 복음의 능력으로 변화되어야만 할 분야가 너무도 많은 것이다.

한국 교회, 장애인 선교 마인드가 필요하다

그렇다면 오늘날 교회가 어느 정도로 장애인 선교에 헌신하고 있는가? 단적으로 말해 한국 교회는 전반적으로 장애인 선교에 무관심하다. 아니 무지하다. 작금의 실정으로는 교회는 기껏해야 장애인을 자선의 대상으로밖에 여기지 않는다. 그들을 선교의 대상이나 같은 성도로 보기보다는 시혜의 대상이나 심지어 짐 정도로 여기는 것이다.

실제로 교회의 기본적인 인식이 이 정도이기 때문에 여기에서 파생되는 문제가 너무 많다. 그 중에서 중요한 내용만 몇 가지 거론키로 하자.

첫째, 장애인 선교를 교회 본연의 사명으로 인정하지 않는다. 따라서 부수적인 혹은 여력이 있을 때 감당할 사업으로 여긴다. 오늘날 세계 선교나 농어촌 전도는 막중한 교회의 사명으로 생각하여 관심을 쏟고, 그 문제를 위해 기도하고 재정적 뒷받침을 하고 헌신하는 사역자를 인정해 줄 뿐 아니라 새롭게 그 뒤를 이을 헌신자가 나서고 있다. 그런데 혹여 장애인 선교를 위해 교회가 철야로 기도하고 온 정력을 쏟는다는 소리를 들어 보았는가? 속히 장애인 선교도 교회 본연의 사명으로 인식되어야 할 것이다.

둘째, 교회의 일반적인 인식 부족으로 인해 여러 가지 문제가 나타난다. 예를 들자면 장애인 선교에 헌신하는 교역자에 대한 인식이 저조하다. 어느 교단은 이 분야에 십여 년 이상 헌신한 교역자에게 안수를 베풀지 않은 적도 있다. 교회의 정식 사역을 한다고 인정하지 않았기 때문이다. 특수 선교를 감당하는 사람을 돕기는커녕 도리어 막은 셈이다. 그리고 이런 분야에 종사하는 교역자를 존경하거나 동등시하기보다는 은연중에 백안시한다. 그래서 일반 목회자와 장애인 관련 교역자 사이에 장애인 문제를 놓고 동등한 교역자의 입장에서 논의하고 협력하기가 무척 어렵다. 많은 경우, 일반 목회자는 고압적인 후원자의 자세로 임한다.

그런데 정작 장애인 관련 교역자들이(장애인 관련 교역자 가운데는 장애인과 비장애인 모두가 있는데, 그들 모두가 공히) 가장 바라는 것은 물질적인 후원이 아니라 바로 일반 교역자로부터 동등한 교역자로 인정받고 자신들의 사역이 정당한 교역으로 인정받는 것임을 알아야 한다.

교회는 장애인 선교 분야를 속히 새로운 선교의 장으로 인식해서 그 폭도 넓히고 그 일에 헌신할 사람들도 많이 배출해야 한다. 특히 최근에 장애인들 가운데 교역자가 되는 사례가 급증하고 있는데, 이들 장애인 교역자의 미래에 대한 대책 마련 차원에서도 여러모로 신중히 고려할 필요가 있다.

이와 아울러 장애인 문제에 헌신하는 평신도가 교회의 인식 부족으로 피해를 보는 경우도 많다. 그런 일에 관심을 갖는 것을 정당한 성도의 헌신으로 인정하지 않고 오히려 이상한 눈으로 바라봄으로써 선교의 열정을 막는 수가 많다. 그래서 교회 평신도들의 장애인 선교는 대개 일회성 사업이 주를 이룬다. 즉, 과시적 차원으로 끝나고 만다. 또한 교회 내에 장애인을 받아들일 자세와 여건도 마련되어 있지 않다. 그리고 장애인 선교에 대한 여론 형성 기능도 제대로 하지 못하는 실정이다. 이로 인해 장애인 문제는 특별한 사람이 특별한 곳에서나 하는 특별한 일로 여기기 때문에 교회 내에서 장애인 선교 마인드가 확산되기 어려운 것이다.

장애인 선교는 협력 선교의 문제

이런 사정을 감안하고서 오늘날 교회의 장애인 선교 문제를 좀더 구체적으로 검토해 보자. 교회가 일반적으로 장애인 문제에 소홀한 반면 열악한 조건 아래서나마 장애인 선교의 영역을 감당하는 몇 가지 유형의 모임이 있다. 이 모임들의 특징과 함께 선교석 차원에서 교회의 협력 가능성을 살펴보자.

첫째, 교회 내의 장애인부가 있다. 이것은 비장애인과 장애인의 통합적 교회라는 차원에서 장점이 있다. 그러나 현재로서는 진정한 통합보다는 교회의 일개 부서로 유지되고 있는 형편이다. 따라서 전 교회의 호응이나 이해가 뒤따른다고 보기는 어렵다. 오히려 그런 부서가 있다는 사실만으로 자위함으로써 진정한 통합을 저해할 위험도 있다. 우리나라에는 주로 대형 교회에 이런 부서가 있다. 현실적으로 모든 지역 교회가 장애인부를 두기는 어렵다. 따라서 교단적으로나 지역적으로 인접한 교회끼리 협력하여 특성에 맞는 부서를 운영하거나 혹은 책임을 맡은 교회를 후원하는 일이 바람직하다.

교회 내에 장애인부가 있을 경우 교회는 다음과 같은 방법으로 장애인 선교를 감당할 수 있다. 먼저 장애인들에 대한 교인들의 의식을 계도한다. 그래서 장애인부가 단순한 한 부서로 전락하지 않고 전 교인의 관심을 받게 하며 나아가 장애인과 비장애인의 통합을 가능하게 만든다. 아울러 장애인부 예배를 별도로 드리더라도 가끔씩 주일예배를 장애인과 비장애인의 통합예배로 드림으로써 궁극적인 통합을 상기시킨다. 또한 그런 분위기 속에서 장애인부에 헌신할 일꾼을 격려하고 육성한다. 그래서 장애인을 위한 헌신이 개인의 취향에 좌우되는 것이 아니라 교회의 지지를 받는 자랑스러운 분위기를 조성한다. 이를 위해 그들을 위한 위임식 같은 프로그램을 갖는 것도 좋은 방법이다.

이 밖에도 장애인 관련 세미나의 유치와 연구 수업의 제시 등을 통해 장애인 관련 정책 역량을 축적한다. 그리고 인근 교회의 장애인 교인을 받아들이며 인근 교회와 협조한다. 또한 지역 사회의 장애인 시설이나 기관과 자매결연을 통해 긴밀한 협력관계를 갖는다. 그뿐 아니라 장애인부가 있는 교회끼리 연합회 등을 통해 상호교류를 꾀하고 혹은 새로 장애인부를 시작하는 교회를 돕는다.

둘째, 장애인 교회가 있다. 특히 청각장애인은 수화라는 특수한 사정 때문에 장애인들로만 구성된 교회를 이루는 경우가 많다. 이 교회는 동일집단의 모임이라서 나름대로 여러 가지 장점을 가진다. 특히 그런 동질성을 제공하는 일은 장애인의 사회적 욕구와 관련하여 매우 중요하다. 그러나 다른 한편으로 이런 교회는 자칫 이질 집단화되기가 쉽고 일반 교회와 긴밀한 유대관계를 상실하기 쉽다. 그리고 그런 관계가 계속되다 보면 상호 몰이해와 불신 내지 무관심 등을 겪을 수도 있다. 즉, 단기적인 면에서는 문제 해결의 차원이 더 크지만 장기적인 면에서는 부정적인 면이 크다.

따라서 비록 장애인 교회가 현실적인 이유 때문에 존립하기는 하지만 늘 일반 교회와 유대관계를 유지하도록 유의해야 한다. 이를 위해서는 장애인 교회의 홍보 활동이 활발해야 한다. 그리고 일반 교회 특히 인근 지역 교회와 협력 관계를 유지하여 상호교류를 이루어야 한다. 가령 장애인의 자녀가 모두 장애인은 아니다. 또 장애인 문제를 장애인 독자적으로만 해결할 수도 없다. 어차피 장애인 교회라고 하더라도 장애인들만의 교회가 아니라 그 안에는 비장애인도 함께 있게 마련이다. 장애인의 복지 문제 또는 장애인을 위해 헌신할 인물을 배출하는 문제에 있어서도 비장애인과의 협조가 필수적이다. 그리고 궁극적으로 하나님 나라를 지향하는 교회의 모습이라는 차원에서, 장애인 교회는 포용성과 확장성을 지녀야 한다.

이를 위해서 교회는 초교파적인 장애인 교회 연합회나 교단의 장애인 선교부의 활발한 활동을 격려해야 한다. 연합 사업을 통해 공동의 정체성을 확인해 나가고 연합체를 매개로 일반 교회와 협력관계를 지니는 한편 상호교류를 갖도록 해야 한다. 특히 일반적으로 여러 가지 차원에서 열악한 조건에 있는 장애인 교회를 건전하게 지원할 수 있는 통로를 마련하는 일이 필요하다. 그리고 장애인 교회는 연합 사업을 위해서 파벌이나 단체 난립 등을 척결하면서 참신한 사업 결과를 적극적으로 홍보할 필요가 있다. 또한 앞서 언급했듯이 장애인 교회 내에 있는 비장애인의 위상 정립도 중요하다. 이를 위해서 인근 교회와 협조하여 비장애인 동역자의 지원이 정례화되는 것이 바람직하다. 자칫하면 소위 자원봉사자들의 영적 미성숙 등으로 인해 서로 피해를 보기 쉽기 때문이다.

셋째, 장애인 선교단체가 있다. 이 단체는 다시 자원봉사자 운영 유형과 자원봉사자 운영 및 자활 시설을 겸하는 유형(혹은 장애인 종합복지단체)으로 세분된다. 바로 이러한 선교단체 유형이 오늘날 장애인 선교에서 가장 활발하면서도 문제의 소지를 안고 있다. 오늘날 선교에서는 지역 교회와 패러처치의 문제가 크게 대두되고 있다. 학자에 따라서 두 가지 형태를 다 인정하는 경우와 통합형을 이상적이라고 보는 경우가 있다. 그러나 여하튼 실제적으로 이 패러처치가 존재하고 또 선교의 일익을 담당하고 있다. 특히 한국 교회처럼 교회가 장애인 문제에 대해 민감하지 못한 경우 이런 선교단체의 역할을 현실적으로 인정하지 않을 수 없다. 그러나 일반 교회와 패러처치는 재정, 인원, 지도력, 충성심 등에서 서로 갈등관계에 있다. 대부분의 경우 상호이해하는 가운데 긍정적으로 발전하고 협력하기도 하지만 문제를 야기하는 것도 사실이다.

협력 선교시 문제점과 대안

그렇다면 여기서 예상되는 몇 가지 문제를 지적해 보자. 먼저, 교인들 가운데 장애인 문제에 관심을 가지고 있으나 소속한 교회 내에 그러한 활동 영역이 없거나 교회의 지도를 받지 못할 경우, 장애인 선교단체의 회원으로 활동하는 수가 많다. 즉, 교회가 선교의 장을 마련하지 못할 때 교인들이 이러한 선교단체에 협조하거나 일원이 된다. 그러나 이런 경우 교회가 선교단체를 경쟁관계로 보고 적대시할 위험이 있다. 또 교인은 교인대로 소속감의 갈등 문제와 아울러 분명한 행동 지침이 없는 상태에서 심한 경우 죄의식까지 느낄 수 있다.

또한 선교단체는 회원들이 대부분 전적으로 개인의 의사에 따라 참여와 후원을 결정하기 때문에 지속성이 없는데다가 회원에 대한 의존도가 높기 때문에 자칫하면 회원들 눈치 보기에만 바쁠 수 있다. 특히 이 단체들은 선진국의 선교단체들이 여유 있게 운영해 나가는 것과는 달리 좋은 의도에서 만들어진 단체라 하더라도 후원회를 운영해 나가면서 사업을 해야 하는 열악한 처지이기 때문에 단체 운영에 대한 부담이 몹시 큰 편이다. 그래서 처음 시작과는 달리 현상유지에 급급한 군소 단체가 많은 것이 사실이다. 또한 단체의 지도자들 대부분이 겸업을 하지 않아 경제적 자립의 문제까지 겹치고 있다.

하지만 교회는 현재 장애인 선교의 상당 부분을 감당하는 장애인 선교단체를 적극 지원할 필요가 있다. 먼저, 교인들의 대외활동을 무조건 제어하기보다 발전적이고 긍정적으로 지도해야 한다. 이를 위해서 교회 내에 선교 담당 교역자를 두어 교인을 지도하고 아울러 선교단체와 협력관계를 지니게 한다. 그리고 교회 차원에서도 적극적으로 지원하는 한편 일종의 감사 역할을 맡음으로써 상호신뢰와 함께 건전한 견제 기능을 담당할 수 있다. 또한 교인들의 대외활동을 교회 내에서 발표하게 하고 그들의 활동을 교회의 정당한 교역의 일환으로 인정해 줌으로써 다원화 선교에 기여할 수 있다. 이때 선교단체는 좀더 긍정적인 협력관계를 유지할 수 있고 지속적이고 안정된 후원을 받을 수 있으며 성실하고 건전하게 운영해 나갈 수 있는 기회를 얻게 된다. 그에 힘입어 더욱 자율적이고 회원들의 입김에 좌우되지 않으면서도 장기적인 계획을 수립하고 실천해 나갈 수 있다.

한편 건실한 선교단체 연합회를 운영하는 일 또한 시급히 요청된다. 그래서 불건전한 단체의 난립을 막고 단체 상호 간의 감독 기능을 수행하고 아울러 일반 교단과 동역관계를 유지해야 한다.

이제까지 주로 국내의 장애인 선교를 염두에 두고 이야기를 전개했다. 이와 아울러 교단 차원 장애인 관련 부서의 더욱 적극적인 활동이 기대된다. 특히 장애인부 신설, 장애인 교회 개척지원 사업, 장애인 교역자를 포함한 장애인 관련 교역자 배출 및 진로 후원 사업 등을 진지하게 고려해야 한다. 그리고 장애인 선교를 위한 도서 및 자료 간행, 장애인 신학 정립 등의 지원도 필요하다.

끝으로 이제까지 언급한 바를 염두에 두면서 다음과 같은 점을 생각해 보자. 오늘날 세계 선교가 시급히 요청되는 지역과 대상에는 거의 대부분 장애인 문제가 결부되어 있다. 그리고 장애인은 특성상 독특한 인간 집단을 형성하고 있어 이들에 대한 각별한 관심과 특별한 선교 접근 방법이 요청된다. 이를 위해서 장애인의 문화와 삶을 잘 이해하는 선교사가 필요한데, 그런 점에서 장애인 선교사의 참여가 기대된다. 서구 선교사가 주도하던 선교 현장에 비서구 선교사들이 참여하면서 새로운 영향력을 미치고 기여하듯이 비장애인 선교사 위주의 선교 현장에 장애인 선교사의 동참이 예상된다. 실제로 지금도 이미 장애인이 세계 선교 현장에서 사역하고 있다.

또한 이러한 추세는 추후 확산될 가능성이 높다. 그리고 미약하나마 이 분야에서 사역하는 일부 선교사들이 좋은 성과를 낳고 있는 것은 매우 고무적인 일이며 격려를 아끼지 말아야 할 것이다. 다만 장애인 선교 사역이 국내에서처럼 단순히 구제나 복지 차원에 머무는 선교 프로젝트 중의 하나가 아니라 교회의 본질적인 교역으로 이뤄지기를 바라는 마음 간절하다. 그러기 위해서는 먼저 선교사를 파송하는 국가의 교회들이 본을 보여야 할 것이다.

이 외에도 장차 더 효과적인 선교를 하기 위해서는 비장애인 선교사와 장애인 선교사가 동역해야 하며, 이를 위한 훈련도 필요하다. 그리고 선교 전반에 있어서, 특히 선교사 훈련과 선교 사역 준비, 동역 팀 구성 등의 단계에 있어서 장애인 선교사의 독특성을 인정하면서도 기존의 세계 선교와 접목하는 방법을 인내를 가지고 구체적으로 개발해 나가야 할 것이다. 그리고 세계 선교를 장애인 선교의 관점에서, 더 나아가 장애인 선교와 병행되는 통합 선교의 관점에서 내다보면서 접근해야 할 것이다. 이를 위해서도 한국 교회의 헌신이 요청된다. 국내외의 선교를 위해서 이러한 교회의 획기적인 의식 개혁을 기다린다.

10 장애인은 교회일치의 문제이다

장애인 교육 하면 흔히 교회가 주체가 되어 장애인을 대상으로 하는 교육이라는 의미로 받아들이기 쉽다. 이 경우 교회는 어디까지나 장애인이 배제된 이른바 비장애인으로 구성된 회중이라는 전제가 따르게 되고, 아울러 장애인은 그런 회중이 하고 있는 활동의 대상으로 전락되기 십상이다. 그러나 교회는 결코 비장애인만으로 구성될 수 없다. 예수 그리스도를 믿는 신앙을 가진 사람이면 누구나 교회 구성원이 될 수 있고 또한 반드시 그렇게 되어야만 한다. 그런데도 은연중에 장애인을 배제시키는 교회의 인식과 현실은 건전한 교회를 만들기 위해서는 반드시 타개해야만 할 문제다.

지난 20세기를 흔히 에큐매니컬 시대라고 한다. 근 2천 년간 교회 역사는 교회 분열의 역사였다고 해도 과언이 아니다. 그런 점에서 20세기에 들어서 교회일치와 연합에 힘쓰는 에큐매니컬 운동의 출현은 교회사뿐 아니라 인류 역사에서도 특기할 만한 사건이었다. 에큐매니컬 운동이 반드시 세계교회협의회(WCC) 운동과 일치하는 것이 아니라 그보다 더 넓은 의미를 가지고 있는 것은 사실이지만, WCC가 이 운동을 주도해 온 것 또한 사실이다. 여기서는 WCC 자체에 대한 평가는 논하지 않기로 한다. 장애인과 비장애인의 관계를 교회일치를 이루기 위한 필연적인 측면으로 인식하고 거기에 대한 입장을 구체적으로 표명한 것도 역시 WCC이다. 이런 점에서 보수 진영에서도 장애인에 대한 자선과 전도 차원이 아닌 좀더 근본적인 관심을 보이기를 바란다. 어쨌든 장애인 문제를 교회일치와 연관시켜 생각한 WCC의 문서들을 중심으로 그 내용을 살펴보기로 하자.

장벽 무너뜨리기

WCC는 제5차 나이로비 총회 분과 보고서에서 처음으로 본격적으로 장애인에 대해 언급했다. 나이로비 총회는 '장벽 무너뜨리기'(Breaking Barriers)라는 주제를 내세우며 장애인 문제를 교회일치를 가로막는 장벽 가운데 하나로 보았다. 제2분과 보고서 '일치는 무엇을 요청하는가?' 중에서 제8항을 전재해 본다.[1]

장애인과 하나님 가족의 통전성

교회의 일치는 '장애인'과 '비장애인' 모두를 포괄한다. 진실로 교회 자체 내에서 연합을 이루고 또다시 더 많은 다른 이들과 연합하기 위해 나아가고자 애쓰는 교회라면 마땅히 모든 이들에게 개방되어야만 한다. 그러나 비장애인 교인은 그들의 태도와 행동주의에 대한 강조 모두에 의해서 정신적·신체적 장애를 지닌 이들을 주변인으로 만들거나 종종 배제시킨다.

장애인은 그리스도의 몸과 인류라는 가족의 완전하고 헌신되며 꼭 필요한 일원이라기보다는 돌봐주어야 할 약자로 취급된다. 그리고 그들이 제공할 법한 독특한 공헌에 대해서도 무시해 버린다. 이런 점은 장애가 전 세계적인 문제로서 점차 증가하고 있기 때문에 더욱 심각하다. 지금 이 시간에도 사고와 질병으로 많은 성인과 아동이 장애인이 되고 있다. 게다가 더 많은 사람들이 사회 변화와 도시생활의 압력으로 정서적 장애를 겪고 있다. 유전적 결함과 기아로 수백 만이나 되는 아동들이 신체적·정신적 장애인이 되고 있다.

이러한 시대에 만일 교회가 계속해서 장애인들이 사회적으로 소외당하는 것을 묵과하거나 그들이 사회생활에 온전히 참여하는 것을 거부한다면 결코 '그리스도 안에 계시된 완전한 인간성'을 예시할 수도 없고 인류의 상호의존성을 증거할 수도 없으며 다양성 속의 일치도 획득할 수 없다. 하나님의 가족 내 일치는 장애인 형제 자매가 자선의 대상으로 취급되는 한 장애를 지닐 수밖에 없으며 그들이 배제되는 한 깨어질 수밖에 없다.

진정 그리스도의 사랑은 우리 안에서 그토록 수많은 우리의 동료 인간들을 왜곡시키고 절름발이로 만든 대의

명분을 분별하여 힘차게 싸워 나갈 의지를 창출해 낼 수 있는가? 교회는 그리스도께서 그들을 통해 확장시키시는 증거에 개방될 수 있는가?

위의 내용은 그 뒤로 전개될 WCC의 견해에 근거가 되기 때문에 다소 길지만 모두 인용하였다. 이후 WCC는 《삶의 동반자》(Partners in Life)라는 장애인과 교회 문제를 다룬 저서를 내놓았다. 여기서는 주로 하나님의 겸비(lowliness), 약함 중의 강함(Power in weakness), 봉사 등의 의미를 탐색하면서 하나님을 '강한 능력의 차원'에서만 보려는 자세를 교정하고자 노력한다. 이처럼 장애인의 시각에서 전통적 신학의 내용을 재검토하는 일은 매우 시급하다. 이 같은 WCC의 움직임은 유엔의 움직임과 시기를 같이한다. 유엔은 1975년 '장애인 권리선언'을 채택했고 1981년을 '세계 장애인의 해'로 선포했다.

'함께하는 삶'

WCC는 그 후 제6차 벤쿠버 총회에서 '함께하는 삶'을 주제로 내걸고 장애인 문제를 더욱 구체적으로 언급한다. 이 총회에서는 기조 연설과 분과 보고서에서 거의 매 분야마다 장애인을 언급하여 장애인에 대해 큰 관심을 보이고 있다. 주제 자체가 '함께하는 삶'인 까닭에 기조 연설에서 장애인과 함께 사는 삶을 촉구했던 것이다.

제1분과인 '열린 세계 속에서의 증거'에서는 예배란 그리스도인의 교제이며 생활과 선교, 교회 교역의 중심으로서 장애인과 나누는 교제를 강조했다. 또한 특별히 관심을 가져야 할 영역으로서 장애인을 거론하면서 그들의 영적인 불평등을 지적하고 있다.

제3분과인 '참여를 향한 움직임'에서는 각 개별집단들과 관련된 방해 요소들을 지적하고 신체장애인들의 소외를 언급하면서 교회가 치유 공동체가 되어야 함을 시사하고 있다. 오늘날에는 치유가 신학의 주제로 각광을 받고 있는데 이 분야는 앞으로 더욱더 연구해야 할 부분이다. 또한 이것은 구원을 영적으로 축소시키는 경향에 대한 좋은 해독제가 될 것이다.

제4분과인 '공동체 속에서의 치유와 나눔의 삶'에서도 특히 신체장애인은 노인과 더불어 여러 면에서 소외되고 있기에 이에 대한 교회의 주도적인 역할을 촉구하고 있다.

제7분과인 '공동체 속에서의 배움'에서는 회중의 학습을 언급하면서 신체장애인에게 주목한다. 사실 장애인 문제는 회중을 어떻게 교육시키느냐에 그 관건이 있다고 해도 과언이 아니다. 회중이 건전한 교육적 준비가 되어 있어야 이 문제가 정착될 수 있기 때문이다.

실로 장애인은 낯선 이방인이 아니라 기꺼이 초대해야 할 손님이다. 따라서 우리는 장애인을 기피하기보다 그들을 부르는, 즉 '장애인을 우리 교회에 오게 하소서'라는 기도를 드려야 마땅하다. 그리고 장애인이 회중에 기여할 수 있는 영역이 많이 개발되어야 한다. 모든 교인에게는 공동체를 유익하게 할 수 있는 은사가 있는 법, 장애인 교인 역시 공동체에 헌신하고 공헌할 수 있는 은사를 발굴해야 하며 그것이 장애인 교인이 공동체에 참여하는 궁극적인 목표가 될 것이다.

  마지막으로, 제8분과인 '신뢰할 수 있는 커뮤니케이션'에서는 오늘날의 커뮤니케이션 현황을 살펴보면서 장애인과의 소통이 소원함에 대해 주목한다. 우리는 장애인과 좀더 많은 만남을 가져야 할 필요가 있다. 여기서 굳이 만남의 신학을 언급하지 않더라도 장애인에 대한 오해와 단절은 대개가 구체적인 만남의 결여에서 비롯되기 때문이다.

  이상에서 살펴보았듯이 WCC 제6차 총회에서는 장애인 문제가 다각적으로 거론되었다. 그러나 후속 조치가 속속 제공되거나 제안되고 있지는 못한 실정이다. 그 이후로 WCC 출판물의 동태를 살펴보아도 장애인에 대한 내용을 다룬 서적이 나오지 않고 있다. 오히려 제3세계와 여성 등과 같은 소외 계층에 대한 관심은 점점 높아져 가고 출판물도 계속 나오고 있다. 이런 현상은 이른바 흑인 해방이나 여성 해방 등과 같은 다양한 해방 운동들이 서로 상충하거나 혹은 그 중에서도 세력이 강한 분야가 각광받고 그 위력을 펼치는 역사적 경험이 반복되는 것 같아 안타깝기 그지없다.

  분명히 말하건대 장애인 해방 문제가 그들 스스로 제기할 여력이 아직 부족하다고 해서 한두 번 사회문제화한 뒤 흐지부지 사그라져서는 안 된다. 이런 점에서 WCC가 신학 연구와 활동에 있어서 소외 그룹 중에서도 특히 장애인 문제에 좀더 균형 있는 관심을 보여야 할 것이다. 최근 한국기독교교회협의회(KNCC)에서도 장애인 문제를 다루고 있으며, 장로교 통합 측에서도 장애인 관련 교역자 모임이 결성되었다는 소식이 들리는데, 무엇보다 좀더 적극적이고 내실 있는 연구와 활동이 절실하다.

그런데 여기서 반드시 짚고 넘어가야 할 문제는 단순히 장애인과 관련하여 신학적 연구를 하는 일만으로는 충분하지 않다는 사실이다. 물론 문제를 제대로 파악하고 해결책을 모색하기 위해서는 당연히 신학적 반성이 있어야 한다. 그러나 장애인 문제를 신학적으로 언급한다고 해서 문제가 저절로 풀리는 것은 아니며, 구체적인 교역이 필요한 것이다. 그런 점에서 WCC 등은 문제 삼은 분야에 대해 구체적으로 사역하는 현장성을 확보해야 할 것이다. 또한 보수 진영은 현재 주로 힘을 경주하고 있는 구제와 복지 차원을 벗어나 교회의 본질적인 교역으로 확장될 수 있도록 신학적 정당성을 확보해야 할 것이다.

사실 지금 각 교회 단위로 장애인 문제 연구소나 단체가 결성된다고 하는데 구멍가게 식의 난립이나 쓸데없는 노력 낭비가 아니라 건설적인 협력 체계가 이뤄져야 할 일이다. 그리고 특히 일반 교회의 교역자들이 장애인 문제를 교회일치의 핵심으로 인식해야 할 것이다. 교회일치를 이루기 위해서는 빈부 차와 지역감정, 남녀 차별 등과 같은 문제 이상으로 시급하기 때문이다.

11

장애인 사역과 기독교 영성의 한 길
-헨리 나웬을 중심으로

　헨리 나웬(Henri J. M. Nouwen)은 네덜란드 출신의 사제로서 심리학과 영성 신학을 전공한 교수이다. 그는 주로 미국에서 활동했으며 노트르담 대학과 예일 대학, 하버드 대학 등에서 명 강의로 이름을 날렸다. 게다가 수십 권의 저서를 통해 많은 사람의 마음을 사로잡는 명 저술가로도 널리 알려져 있다. 그럼에도 불구하고 그는 그저 서재에 파묻혀 책만 파고드는 책벌레가 아니라 인생의 여러 현실들을 정면으로 맞서 그것의 영적인 의미를 반성하고 그 결과를 책으로 쏟아 낸 사람이다. 수도원에서 수도생활도 했으며 대학을 옮기는 도중 남미에 들러 가난이란 현실과 직면하기도 했다. 특히 장 바니에가 이끄는 라르슈(L'Arche) 공동체와 관련을 맺고 급기야 라르슈 공동체의 캐나다 지부에 가서 그곳의 정신장애인들을 섬기는 사목생활을 하기에 이르렀으며 결국 그곳에서 생을 마감하였다.

그에게 사제로서의 실존과 학자로서의 실존은, 단순히 병립하기 어려운 갈등형이기보다 서로를 심화시키는 보충 완성형이라고 볼 수 있다. 그의 전공과목이 말해 주듯이 그의 학문은 진정한 목회자가 되기 위한 것이었다. 그리고 그는 하버드 대학 교수직을 내놓고 정신장애인의 목자가 되기로 결정했다. 그런 나웬의 결정은 오늘날 장애인 교육에 시사하는 바가 크다.

여기서는 그의 주장들과 함께 그런 주장의 결론으로 만들어진 결단의 내용들을 간추려 보고 그 의의를 살펴보는 한편 오늘날 장애인 교역의 한 길을 모색해 보고자 한다.

헨리 나웬의 영성이 지향하는 것

헨리 나웬은 이미 수십 권의 저서를 내놓았다. 그는 자신의 경험을 영적 측면에서 반성하여 다른 이들과 같이 나누기 위해서 글을 쓴다고 말한다. 또 그런 일에서 보람과 사명을 느낀다고 했다. 그런 의식을 가지고 쓴 책이어서 그런지 그의 저서들은 대부분 논리적이고 조직적인 그래서 두꺼운 책들은 지양하고 소책자 분량의 책들이다.

그가 주장하는 바는 다음과 같이 요약해 볼 수 있겠다.

첫째, 그는 현대인이 병리적 상태에서 탈출하는 것을 중시한다. 현대는 일이 사람의 주인 노릇을 하며 분주한 사회다. 인간은 이런 분위기에 끌려 다니다가 결국 바쁜 것 같으면서도 속이 텅 빈 인간이 되고 만다. 여기서 벗어나 내실 있는 인간이 되려면 고독의 세계로, 더 나아가 기도의 세계로 돌아가야 한다. 이것은 그가 사막의 교부(기독교 초창기에 사막에 홀로 떨어져 오직 하나님만을 위해 자신의 모든 것을 바쳤던 수도자들—편집자)를 연구한 경력에 의해서도 특히 강조된다.

사실 고독과 기도는 현대인에게는 낯선 영역이기에 시작하기도 어렵고 설사 시작한다 해도 계속하기는 더 어렵다. 그러나 그 속에서 우리는 하나님과 자신을 만날 수 있다. 그래야 진정으로 자신과 남에게 필요하고 의미 있는 사람이 될 수 있는 것이다. 그래서 그는 목사(사제)가 회중들에게 바쁜 모습을 보여 주기보다 오히려 그런 활동을 멈추고 기도하는 모습을 보여 줄 때 더욱더 마음 든든한 사제의 모습을 갖출 수 있다고 주장한다. 따라서 그에게서는 현대의 다양한 기능을 능숙하게 처리하는 쪽보다 전통적인 목회의 기본 요건으로 돌아가는 복고풍마저 엿보인다. 그러나 이것은 복고를 위한 복고가 아니라 현대주의만으로는 대처할 수 없는 본질에 대한 집념으로 봐야 옳을 것이다.

둘째, 그에게 목회자는 만능 기능인인 슈퍼맨이 아니라 우리와 동일한 인간이면서 자신의 특별한 소명을 인식하고 그 일에 충실하기 위해 노력하는 인물이다. 그래서 그는 《상처 입은 치유자》와 《예수 그리스도의 살아 있는 상기자》라는 저서에서, 목회자를 강한 자도 완벽한 자도 아니며 따라서 교인과는 별개로 탁월한 자가 아니라 그리스도의 면모를 제시하고 상기시키는 자로 묘사하고 있다. 따라서 목회란 목회자 개인의 능력에 좌우되는 것이 아니라 목회자가 상징하는 바, 곧 예수의 능력 위에 기초한다는 것을 보여 준다. 따라서 목회자가 부족해도 목회는 풍성할 수 있다. 왜냐하면 목회자는 자신을 가리키거나 자기 위에 목회를 이루는 것이 아니라 예수를 가리키고 바로 그 예수의 풍요 속으로 회중을 이끌어 가기 때문이다.

셋째, 그렇다면 분요(紛擾)한 세상에 처한 인간이 돌아설 곳은 어디이며 목회자가 가리킬 예수는 또 어떤 예수인가? 그것이 바로 나웬이 강조하는 영성이다. 즉, 그것은 십자가의 영성이요 낮아지는 운동이며 복음의 본질 회복이다.

어느 결에 기독교와 목회가 세상을 따라서 높아지고 강해지고 영광 중에 거하려 한다. 사실 나웬의 고민도 바로 여기에 있었다. 그는 한편으로는 자신의 이론에 따라 '낮아지는 삶'을 강조하면서도 동시에 그런 이론을 빌미 삼아 '높아지는 자신의 현실'을 발견하는 아이러니에 빠지고 말았다. 단순하고 가난하며 겸손한 삶을 논하고 또 그런 삶을 목표로 삼으면서도, 한편으로는 가장 난삽(難澁)하고 고도로 세련된 학문을 주고받는 세계 최고 명문 대학의 교수직을 누리는 자신을 발견한 것이다. 물론 하버드 대학 교수라는 직위 자체가 잘못되었다거나 악하다는 말은 아니다. 그러나 적어도 그에게 그 자리는 절실한 영성을 획득하고 누릴 수 있는 곳이 아니었다. 그곳은 분명 좋은 자리였지만 그의 영적인 삶에는 유익하지 못했고 그래서 일종의 유혹이었다. 그가 라르슈 공동체로 떠난 것도 바로 그 때문이다.

그의 결단이 낳은 결과

하지만 우리가 지금 나웬을 살펴보는 이유가 이러한 그의 극적인 결단 때문만은 아니다. 만일 극적인 결단이 중요했다면 그는 결국 한 명의 돈키호테에 불과할 것이다. 우리가 그를 살피는 이유는 다름 아닌 그의 결단이 가져온 풍요로운 영성 때문이다. 그의 글을 보면 그가 스스로 그렇게 결단한 것을 참으로 잘한 일이라고 여겼음을 알 수 있다. 그 내용을 요약하면 다음과 같다.

첫째, 그는 자기가 버린 것 이상으로 더 좋은 것을 취했다. 그는 겸손에 '대해서'(about) 이야기하기보다 겸손을 직접 삶으로 담아내게 되었다. 그리고 다변화하고 복잡한 복음을 단순하게 되찾았다. 정신장애인에게는 가장 단순한 복음만이 중요하고 또 가능했다. 그는 자신의 모든 학문 역시 정신장애인 앞에서는 무용지물임을 발견했으며, 그리하여 복음의 본질을 되물었다.

둘째, 그는 기독교 영성의 중심에서 살게 되었다. 실로 '마음이 가난한 자는 복이 있다'는 말씀대로 살아가는 사람들과 함께 살게 되었던 것이다. 거기에는 절대적인 결핍과 그 결핍을 인정하는 단순한 삶이 있으며 가식이 제거된 벌거벗은 인간 현실이 있었다. 이미 낮아졌고 이미 헐벗은 삶이 있기에 거기서 그는 참된 기독교 영성을 누릴 수 있었다. 또한 그러한 삶은 장애인을 위한 봉사 차원이 아니라 기독교가 지향하는 영성의 현실 속으로 몰입하는 삶이었다. 거기서 체득되고 다듬어진 영성이야말로 참 영성으로 나아갈 수 있는 것이었다.

셋째, 그는 교역의 공동체성을 맛보게 되었다. 장애인 교역을 할 때 흔히 장애인은 도와줄 대상으로 간주된다. 그러나 하나님께서는 장애인을 통해서도 일하신다. 장애인 교역의 고유성과 실제성, 그리고 그 역량을 발견하기 전에는 진정한 장애인 교역이 불가능하다. 장애인이 하나님 나라를 이뤄 나가는 데 어떻게 교역하는지를 깨달을 때만이 장애인 교역의 새로운 출발이 가능하다.

헨리 나웬은 자기가 뭔가를 베풀어 준다는 위치보다는 철저히 공동체의 일원이 되고, 일원으로서 활동하며, 일원으로서 사랑하고 사랑받고, 나아가 일원으로서 교역하며, 그것도 장애인과 같이 교역함을 배우게 되었다. 또한 공동체의 일원으로서 교역했는데, 그것도 장애인과 같이 교역하는 것을 배웠다.

특히 그는 외부로 강연을 나갈 때, 라르슈 공동체가 예수님의 말씀대로 둘씩 짝지어 보내는 일에 대하여 진술한다. 그래서 그는 어디를 가든 다른 장애인과 함께 간다. 아마도 비장애인의 편협한 시각으로 보면 그런 일은 귀찮은 일거리만 만드는 환상에 불과할지도 모른다. 도대체 장애인이 무슨 도움이 된단 말인가? 그러나 장애인이 함께 동행하고 그 입으로 더 확실한 진실을 토로할 때 그 누구도 상상하지 못한 감동적인 교역이 이뤄지는 데에야 누가 감히 이론을 제기할 것인가?

실로 장애인 사역이야말로 기독교 사랑을 실천하는 하나의 영역인 동시에 복음을 재발견하는 장소이며 나아가 복음의 능력이 새롭게 꽃피는 것을 발견하게 되는 경이로운 현장이다. 복음이 이방인의 세계에서 역사하고 여인의 세계에서 역사하고 병자의 세계에서 역사하여 기적을 이뤄 냈듯이 오늘날 장애인의 세계에서도 무한정한 복음의 역사가 기다리고 있다. 그것을 바로 가장 고도의 학문으로, 커다란 영성으로 복음을 추구한 한 신학자의 변신이 입증하고 있다. 또한 여기에 헨리 나웬의 변신의 의의가 있는 것이다.

12
장애인과 함께하는 사회
-장 바니에를 중심으로

장 바니에(Jean Vanier)는 가톨릭계에서는 대표적인 정신장애인 사역자로 널리 알려진 인물이다. 그의 사역뿐 아니라 사역을 뒷받침하는 사상들이 오늘날 전 세계에 큰 영향력을 미치고 있다. 개신교 측에는 비교적 잘 알려지지 않은 인물이지만 그가 제시하는 장애인 사역의 가르침이 개신교에서도 의의를 지닐 수 있다고 보기에 그를 소개하는 한편 그의 사상을 살펴봄으로써 그 의의와 적용 가능성을 생각해 보고자 한다.

장 바니에의 생애

장 바니에는 1928년에 태어났다. 그의 아버지가 1959년부터 1967년까지 캐나다의 수상직을 지낼 만큼 유복한 귀족풍의 집안이었다. 그는 불과 만 13세의 나이인 1942년, 캐나다 해군에 입대하여 2차 세계대전에 참전하는 등 강인한 성격과 능률 위주의 인물로 자라났다. 그는 10여 년 간의 군복무 후

파리로 건너갔다. 거기서 파리 근교의 그리스도 공동체에 입회하여 철학을 공부한 뒤 철학박사 학위를 취득했으며 캐나다로 돌아와 토론토 대학교의 세인트 아이클스 칼리지에서 교수가 되어 이름을 날렸다.

그러나 그는 이런 학문적 성공으로만 만족할 수 없었다. 즉, 다른 유의 삶에 부름을 받았다고 느끼면서 더욱 단순하고 가난하고 기도 중심적이고 헌신적인 삶을 살기 위해 사제가 되기를 꿈꿨다. 그러나 사제로 서품을 받기 직전 사제가 아닌 다른 일로 부르심을 깨달았다. 그 일이 무엇인지 몰라 답답해하며 추구하던 중 도미니크회 토마 필립 신부의 지도를 받아 프랑스의 트로즐리-브뢰이(Trosly-Breuil)에서 라파엘과 필립이라는 정신지체장애인 두 명을 받아들여 자기 집에 함께 살며 예수를 따르는 단순한 공동체의 삶을 살게 되었다. 바로 1964년 8월의 일이었다. 그리고 그것이 라르슈 공동체의 시작이었다.

라르슈 공동체는 글자 그대로 방주를 연상시키듯이 함께 구원을 이뤄 나가는 공동체다. 바니에는 사고무친(四顧無親)인 두 장애인과 자신의 여생을 보내기로 결단한다. 그는 처음에는 자기희생을 한 것 이외에 막상 이들 장애인을 돌보는 일에 대해 무지한 상태였다. 그러나 자신의 직관과 토마 필립 신부의 지원을 통해 이 일을 감당해 나갔다. 그리고 얼마 안 가서 그의 결심이 알려지게 됐고 여러 나라에서 수많은 젊은이들이 트로즐리로 몰려왔다. 그리고 바니에의 기대를 넘어서 라르슈 공동체는 전 세계로 파급되었다.

그는 트로즐리 공동체에서 계속 봉사하면서 공동체생활에 대한 저서를 몇 권 출간하기도 했다. 우리나라에서는 《희망의 사람들 라르슈》(홍성사) 《공동체와 성장기》(가톨릭출판사) 등이 나와 있다.

사상과 의의

전반적인 그의 사상은 가톨릭의 공동체 전승에 뿌리를 두고 있다. 그 중 장애인 사역과 직접 관계가 있는 내용들만 간추려 보면 다음과 같다.

첫째, 그의 사역에서 가장 우선되는 특징은 장애인과 함께 공동체를 이루어 산다는 점이다. 즉, 장애인을 '위한'(for) 사역이 아니라 장애인과 '더불어'(with) 이루는 사역이다. 따라서 장애인과 비장애인은 단순히 도움을 매개로 한 주체와 객체 혹은 행위자와 대상의 관계가 아니라 둘 다 한 공동체의 구성원의 관계를 가진다. 다시 말해 장애인은 이 공동체 가족의 일원이며 비장애인 역시 그 공동체의 일원이다. 물론 장애인들이 비장애인에게 도움을 받지만 그것은 현실이며 아마도 그래서 이런 공동체가 더욱 필요한 것이리라. 그럼에도 불구하고 양자의 관계는 어디까지나 한 하나님을 섬기는 하나의 공동체를 이뤄 나가는 구성원으로서의 관계가 더 근본적이며 그들이 지향하는 바이다.

따라서 이 공동체에서는 장애인에게 어떤 도움이 어떻게 제공되는가 하는 점도 중요하지만, 장애인 스스로 모든 질곡에서 벗어나 하나님 안에서 자신의 존귀함을 깨달아 하나님의 형상으로서 자기 자신이 되게 하는 것이 주된 목적이며, 이 경우 하나님의 자녀로서 그들의 존재와 은사는 공동체를 풍요롭게 하고 성장케 한다. 장애인은 그 공동체의 준회원도 동정의 대상도 아니며 어엿한 일원으로서 그들 나름대로 공동체에 기여한다고 보는 것이다.

오늘날에는 장애인의 환경을 기관 혹은 수용소 위주에서 가정 형태로 바꾸려는 움직임이 많은데 이는 매우 바람직한 현상이다. 그러나 그런 가정이 어떻게 가능하고 어떤 원리 위에서 이뤄지는가를 숙고할 필요가 있다. 또한 그런 가정이 주변 사회와 어떤 관계를 가져야 하는지도 숙고할 필요가 있다. 분명 가정이 인간 삶의 기본이며 그런 환경을 장애인에게 제공하는 것은 마땅하다. 그러나 이 가정은 자연발생적이거나 혈연적이 아닌 새로운 가정이라는 점이 강조되어야겠다. 무조건 가정적 환경을 던져 준다고 해서 끝나는 것은 아니다. 어쩌면 장애인들이야말로 이미 이전의 가정에서 상처를 입은 자들이기 때문이다.

바니에는 이 문제의 해결책을 공동체로 보았다. 비록 장애인을 돕는 것이 시급한 과제였지만 그 공동체의 근본 목표는 장애인과 보조인들이 함께 하나님의 공동체를 이뤄 나가는 것이다. 따라서 여기서 말하는 가정은 공동체적 가정이다.

그리고 바로 이런 면에서 가톨릭과 개신교의 다른 점이 나타난다. 가톨릭의 경우 교구 제도와 공동체가 병존하는 전통을 가진데 비해 개신교는 수도원 전통을 거부하면서 회중의 일원적 구조를 견지해 왔다. 따라서 공동체 전통이 상실되었다. 물론 이에 대한 욕구는 개신교 내에서도 역사상 여러 차례 표출된 바 있고 현대에서는 기능 위주 혹은 목적 위주의 소위 패러처치 등이 나타났다. 또 선교학 이론 중에서는 이른바 일반 교회 구조와 특수 공동체 구조에 비견되는 모달리티(modality, 회중들을 구체적으로 양육하는 회중 교회 구조—편집자)와 소달리티(sodality, 모든 자율성과 권위를 지닌 과업 중심적인 선교 구조—편집자) 논쟁으로 개신교 내에서 공동체의 위치를 찾고자 하는 움직임도 있는 게 사실이다.

그러나 개신교 내에서는 여전히 공동체가 온전히 정당화되고 있지 않다. 따라서 바니에의 이론은 옳고 그름을 떠나 개신교에 직접 이식되기에는 어려움이 있지만 장애인과의 공동생활은 그것을 모색하는 이들에게 어떤 기준을 제공하고 있는 것이 사실이다.

아울러 최근에 우후죽순격으로 장애인을 위한 기관과 선교회 이외에도 많은 시도들이 일어나고 있는데, 여기서 중요한 사실은 이런 모든 운동들이 장애인을 주체로 삼아야 한다는 점이다. 또한 그런 움직임이 경직화된 조직으로 전락되지 않기 위해서는 장애인과 비장애인 간의 관계 역시 성장되어야 한다.

둘째, 바니에는 장애인의 성(性)을 중시한다. 이것은 그가 단순히 장애아동만을 대상으로 하는 것이 아니고 장애인 성인도 대상으로 하기 때문에 당연한 문제제기일 것이다. 사실 장애인, 특히 정신장애인의 성은 주위 사람에게 골칫거리로 여겨지거나 심지어는 두려움을 자아내기도 한다. 즉, 주변의 비장애인은 장애인의 성 문제를 처치 곤란한 것으로 여기고 제대로 대처할 줄도 모른다. 그래서 무조건적인 억압이나 회피, 혹은 반대로 성을 통한 치료 명목으로 성의 자유를 부추기는 등 극단적인 대응방식들이 나타난다. 그런데 그 배후에는 장애인의 성에 대한 무지와 비장애인 위주의 편의주의가 도사리고 있다.

바니에는 장애인의 성에 큰 의의를 부여한다. 왜냐하면 그는 성을 단순한 동물적 본능, 그래서 발산해야 할 무엇이 아니라 인간관계의 한 측면 내지 절정으로 보기 때문이다. 따라서 장애인의 성 문제에는 성 자체의 문제와 함께 인간관계의 문제가 표현된다고 이해한다. 그래서 장애인의 바른 성생활 혹은 바른 성생활이 가능할 정도까지 관계를 치유하는 과정 등이 그의 주요 관심 분야가 된다.

장차 의학과 복지 분야의 발달로 장애인 성인이 더 많아질 것이며, 따라서 장애인 사역도 아동 중심에서 성인 중심으로 (물론 양자 모두를 중심으로) 변화될 필요가 있다. 그리고 성이 단순한 본능이 아닌 인간관계의 밑바닥과 밀접하게 관련되어 있다면 이 문제는 중시되어야 마땅할 것이다. 특히 장차 장애인 정착촌이나 공동체를 구성하려는 시도들이 있을 경우 이 문제는 심각하게 고려돼야 할 것이다.

셋째, 어떤 경우든 이 일에 헌신할 사람들이 필요하다. 이 것은 세상의 '높아지려는 경향'(upward mobility)에 과감하게 맞서 '낮아지려는 경향'(downward mobility)이 있을 때 가능한 일이다. 그것은 십자가의 길이요 성육신의 구현이며, 마음이 가난한 자가 복이 있다는 팔복의 정신을 믿는 것이다. 그리고 어리석은 자를 통해 지혜 있는 자를 부끄럽게 하시는 하나님의 섭리를 접하는 길이기도 하다. 그런 면에서 장애인에 대한 헌신자의 발굴은 교회 개혁과 복음 회복의 길이기도 하다.

바니에는 이러한 공동체 설립과 유지에 가장 중요한 요소로 장애인을 도우면서 함께 가족으로 살아갈 헌신자라고 말한다. 사실 하나님께서 문제를 해결하는 방법은 사람을 준비하시는 것이다. 그러나 이 일이 어려운 것은 개인의 결단이 쉽지 않은 탓도 있지만, 그런 결단이 있다 하더라도 사회적(사회와 교회 모두) 지지를 얻기 힘들다는 것이다. 따라서 이 일은 어려운 동시에 고독한 길이다. 그렇지만 이제까지의 교회사 전통과 현재의 세계적 추세로 볼 때 장애인 선교는 시대적 요청이요 복음의 명령이다. 이 일은 결코 관심 있는 소수 혹은 주변인으로 전락한 자들의 일거리가 아니다. 가장 뛰어나고 가장 순수하고 가장 가난한 자를 요청하는 현장인 것이다.

3 장애인과 교회교육

13
장애인은 교회학교 프로그램의 문제이다

오늘날 교회가 교회일치에 있어서 중시해야 할 측면 중의 하나가 바로 장애인과 비장애인 간의 일치이다. 사실 모든 인간 사회는 장애인과 비장애인의 구별을 극복하지 못하고 있다. 그리고 그 결과 교회는 장애인에 대해 거의 아무런 준비도 되어 있지 않은 상태이며, 교인들 역시 장애인 문제에 대해 초보 단계에 머물고 있을 뿐이다. 이것은 교회학교 학생들의 경우도 예외가 아니다. 따라서 이에 대한 대안으로 여름성경학교 프로그램이나 여름성경학교 후속 프로그램으로 장애인 프로그램을 가질 수도 있다. 이를 통해 장애인을 이해하는 좋은 교육적 효과를 얻을 수 있을 것이다.

장애인 프로그램의 준비 단계

일반적으로 교회학교는 장애인 문제에 대해 무지한 것이 사실이다. 따라서 몇 가지 사전 조치가 필요하다. 먼저 장애인 프로그램의 대상을 정하는 일이 중요하다. 장애도 그 종류가 다양하며 또 각 교회학교의 사정에 따라 대상의 성격이 결정된다. 이를 위해서는 가까운 장애인 모임들을 살펴보는 것이 좋다. 거리가 멀면 계속해서 유대관계를 갖기가 어렵기 때문에 되도록 인접한 곳을 택한다. 우리가 접할 수 있는 모임으로는, 장애인들이 모여서 교회를 이룬 장애인 교회, 교회 내의 장애인부, 장애인 자활단체나 장애인 중심의 선교단체, 장애인 수용 시설이 있다. 이런 모임 중에서 방문하기에 적절한 곳을 선정한다. 이때 특히 청소년 이하의 학생들은 낯선 장애인과의 만남을 통해 지나친 충격이나 지나친 반응(가령 위축되거나 반대로 경박한 태도 등)을 보일 수 있다. 또한 때로는 동년배간의 만남이 부작용을 가져올 수도 있다. 이를 위해서는 해당 기관에 연락해서 사전 정보를 얻는 것이 필요하다.

이렇게 해서 일단 대상이 정해지면 그 대상을 이해하는 작업이 필요하다. 이를 위해서 그 방면의 전문가나 실무자를 초빙하여 장애인의 특성을 이해하는 특강을 갖는 것이 좋다. 이 시간은 단순히 프로그램뿐 아니라 인간에 대한 이해 특히 하나님의 형상으로서 고통받는 인간에 대한 이해의 폭을 넓혀 주는 귀중한 기회가 될 것이다. 그리고 장애인들을 이해하기 위해 그들의 장애를 실제로 경험해 보는 가상체험(simulation) 프로그램을 갖는 것이 좋다. 몇 가지 구체적인 예를 들어 보자.[1]

1. 휠체어에 앉아 평생 사는 일이 어떤 것인지 알아보기

위해 휠체어에 오랜 시간 앉아 있어 본다. 그리고 일어날 때는 목발을 짚어 본다. 남에게 의존하는 것이 뭔가를 알기 위해 다른 이의 도움을 받아 본다.

2. 눈을 감고 다른 이의 지시를 받으면서 걸어 본다. 코스를 마칠 때까지 절대 눈을 뜨지 말고 인도자의 말만 따른다. 이때 청각과 촉각으로 주변 환경을 어림짐작해 본다.
3. 귀를 솜이나 귀마개로 막고 대화에 참여해 본다. 남이 얘기하는 것을 입술만 보고 알 수 있나 맞춰 본다. 말을 들을 수 없다는 것이 어떤 느낌을 주었는지 서로 나눠 본다.
4. 하루 종일 팔 없는 사람처럼 활동해 본다. 손이나 팔을 쓰지 말고 옷을 입으려고 시도해 본다.
5. 오랫동안 꼼짝 않고 의자에 앉아 있는다. 사지를 움직이지 못한다는 것이 어떤 것인지 느껴 본다.

이런 과정이 지나면 장애인과 만날 것을 예상하고 실제적으로 필요한 것들을 준비하고 익혀야 한다. 가령 청각장애인은 눈을 뜨고 기도한다든지 시각장애인은 손짓으로는 의사소통을 할 수 없다든지 지체장애인은 빠른 행동을 할 수 없다는 점 등을 익힌다. 이런 과정을 통해서 그들의 처지와 고통을 더욱 구체적으로 이해할 수 있게 된다. 일반적인 장애인들의 특성에 관한 이해를 돕는 저서는 상당히 많기 때문에 이 글에서는 자세한 논의는 생략하기로 한다. 이상의 기초 작업이 끝나면 본격적인 프로그램을 구성한다.

프로그램 기획

흔히 장애인을 만난다 하면, 도움을 준다는 생각을 갖기 쉬운데 그보다는 함께하는 것이 필요하다. 그들을 '위해서' 보다는 그들과 '더불어'의 입장이 중요하다.

먼저 프로그램을 작성하기 위해 장애인들이 현실적으로 필요한 바를 파악하고 사전 논의하는 것이 좋다. 하지만 생색을 내거나 업적 위주의 프로그램은 오히려 문제를 가져다줄 뿐이다. 또한 교회학교의 일방적인 태도도 장애인들의 삶의 리듬을 깰 수 있기에 조심해야 한다. 대략 사전 논의가 끝나면 프로그램의 성격을 규정하는 일이 중요하다. 즉, 전도 프로그램이냐, 친교 프로그램이냐, 봉사 프로그램이냐 혹은 교육 프로그램이냐 등을 정한다.

물론 이 모든 프로그램을 종합한다면야 매우 이상적이겠지만 그것은 현실적으로 불가능하다. 오히려 단 한 번만에 뭔가 끝내려는 졸속과 과욕은 금기해야 할 사항이다. 따라서 교회학교의 사정과 장애인의 형편을 고려하여 접근하는 편이 좋다. 또 대부분의 장애인은 장시간 프로그램에 참여하는 일을 힘겨워한다. 때로는 오랜만의 만남이라 무리를 하지만 나중에 탈이 나기 쉽다. 그리고 특히 장애인의 건강을 고려해야 한다. 가령 정신지체아동은 설사나 감기 등도 치명적인 결과를 가져올 수 있다.

프로그램의 성격이 결정되면 프로그램의 규모를 정한다.

대규모 방문으로 할지, 소규모 방문으로 할지 등을 정한다. 처음에는 집단 방문을 통해 만남을 가진 뒤 필요한 프로그램을 개발하여 각 프로그램의 특성에 따라 인원과 자원을 분담해서 지속적인 유대관계를 갖는 것이 중요하다. 유년부와 같이 어린 학생들의 경우는 교사들만 사전 방문하는 것도 도움이 된다. 이때 주목할 점은 어떤 규모가 되었든 물건만 전하고 사진만 찍고 오는 프로그램은 지양해야 한다는 것이다. 비록 짧은 시간이라도 관계가 형성되는 프로그램을 가져야 한다. 장애인들에게 가장 절실히 요구되는 것은 인간관계의 결핍이기 때문이다. 그들은 통상 정신적 · 신체적 결핍과 아울러 영적 결핍에 시달리고 있다.

그렇다면 이제 프로그램의 내용에 대해 좀더 살펴보자. 대개 처음 방문 때는 예배 프로그램을 하는 것이 좋다. 이를 위해서는 가령 청각장애인들과 만남을 가질 경우, 간단한 수화찬송을 익혀 가는 것이 연대감을 줄 수 있어 좋다. 수화찬송은 일반율동과 유사하여 쉬운 것은 적은 노력으로 익힐 수 있지만 큰 호응으로 나타날 수 있다. 미리 수화찬송을 익혀 가면 그 자체가 그들을 수용한다는 증거로 나타나기 때문이다. 정신지체아의 경우는 간단한 메시지와 단순한 노래와 율동 등으로 구성해야 한다. 이들은 장시간 집중하기 어려운 대신 반복하는 것을 즐긴다. 이때 교회학교 학생들이 아는 노래보다 모두 모르는 쉬운 노래를 함께 배우는 것도 좋다. 또 예배를 마친 뒤 조별로 짝짓기기도 등을 시도하는 것도 좋다. 하지만 안타깝게도 여전히 예배만 드리고 헤어지는 것을 너무 일반적으로 답습하고 있는 형편이다.

또한 친교나 교육 프로그램도 중요하다. 대개의 장애인은 이런 면에서 부족함을 느끼기 때문이다. 특히 가능한 경우 동년배끼리 간단한 운동회를 갖는 것도 좋다, 또한 교육 프로그램도 권장할 만한데, 장애인들은 교육 면에서 여러 가지 불이익을 당한다. 가령 시각장애인은 참고서가 점자로 나오지 않기 때문에 참고서를 이용할 수 없다. 따라서 참고서를 함께 읽고 학습을 돕는 일도 좋은 프로그램이 될 수 있다. 그러나 프로그램 중에 장애인들도 뭔가 베풀 수 있는 기회를 만드는 것이 더욱 바람직하다.

프로그램 이후의 지속적인 만남

누구나 한 번쯤은 장애인들을 만날 수 있다. 그러나 대부분 일회로 끝나기 때문에 장애인들을 더욱 슬프게 만들 때가 많다. 성경학교 후속 프로그램으로 이런 프로그램이 이뤄지고 이를 통해 관계가 일단 형성되면 다시 그것을 바탕으로 더욱 다양한 프로그램이 가능하다.

가령 함께 야유회를 갈 수도 있다. 대개 장애인은 집단생활을 하기 때문에 외출할 기회가 적고 그로 인해 받는 상호 간의 스트레스도 엄청나다. 함께 야외예배를 가거나 그들을 위해 초청야유회를 가지면 관계는 급속도로 친숙해질 수 있다. 물론 모든 장애인이 외출할 수 있는 것은 아니다.

또한 초청예배를 드릴 수도 있다. 그들을 찾아가기만 하는 것이 아니라 그들을 초청해서 교회를 방문케 한다. 특히 주일

저녁예배를 이용하면 전 교인에게 홍보할 수 있는 기회도 된다. 즉, 초청예배를 통해 교회학교의 활동도 알리고 장애인과 만날 수 있는 기회도 제공할 수 있는 것이다.

학기 중에 공동 프로그램을 가질 수도 있다. 학기 중에는 꼭 같이 만나지 않더라도 공동의 목표와 공동의 주제를 정해서 학기가 끝나면 함께 결산하며 공동 프로그램을 갖는 일도 가능하다. 그리고 조금 세심한 내용일지 모르지만 방문한 장애인 모임과 학기 중에도 소식을 주고받고 기념사진 등을 서로의 사무실에 걸어 놓고 중보기도하는 일도 필요하다. 이런 과정이 계속되면 부차적인, 아니 오히려 더욱 본질적인 일들이 일어날 수 있다.

첫째, 작게는 교회학교, 크게는 교회 전체가 장애인 문제에 관심을 갖고 그 일에 헌신할 수 있다. 그리고 그것은 나중에 교회 차원의 사역으로 연결될 수도 있으며, 이럴 경우 교회의 본질적인 지원이 장애인들에게 제공될 수 있는 터전이 마련된다.

둘째, 이런 과정 중에서 복음의 본질인 십자가 신학이 강하게 제시될 수 있다. 자기 위주의 신학, 안일한 신학, 자기를 섬기는 신학에서 벗어나 남을 돌보는 신학, 고난에 동참하며 적극적으로 자립하는 신학, 남을 섬기는 신학을 자연스럽게 몸에 익힐 수 있기 때문이다

셋째, 이런 과정을 통해 장애인을 위한 프로그램이 교회 내에 정착하게 된다. 그래서 장차 장애인과 비장애인의 일치를 위한 교두보가 형성되는 것이다.

넷째, 이런 과정을 통해 평생 이 일에 헌신할 일꾼이 나올 수 있다. 장애인 프로그램을 접하면서 소명의식을 발견할 수 있는 것이다.

다섯째, 이런 과정에서 축적된 내용이 장애인을 위한 교육 프로그램 및 커리큘럼의 토대가 될 수 있다. 현재 이 문제 또한 시급한 문제가 아닐 수 없다.

여섯째, 교회가 지속적으로 관심과 배려를 베풀 때 장애인 모임은 정신적인 유대감과 영적인 보호를 소유할 수 있다. 대개 장애인 모임은 영적 소외지대일 때가 많은데, 이런 교류를 통해 목회적 배려까지 바라볼 수 있게 되는 셈이다.

일곱째, 교회가 장애인과 정상적인 관계를 유지하면 결국 교회의 의식계도와 아울러 사회 전반의 의식계도로 이어질 수 있다. 그리고 그러할 때 장애인 모임도 자신들이 수용받는다는 자신감을 갖게 되며 건전하게 발전할 수 있다. 이때 소위 비리가 많은 장애인 기관도 개선될 수 있다. 따라서 교회는 장애인을 계속해서 찾아가야 한다.

끝으로, 교회는 이런 과정에서 축적된 역량을 바탕으로 교회뿐 아니라 일반 사회도 장애인에게 관심을 갖고 방문할 수 있도록 홍보하고 주선하고 프로그램을 제시해야 한다. 교회는 이 땅의 빛이요 소금이 아닌가. 한때 붐을 이루던 사회복지기관 방문이 주춤해진 요즘 이 일은 더욱더 시급하다. 그러니 이제 교회가 앞장서자! 그리고 평소에 장애인을 찾아가야지 소위 명절에만 가는 병폐를 극복할 수 있으며 그런 순간들이 더욱 뜻 깊고 알찰 수 있는 것이다!

14 장애아동 종교 교육을 위한 몇 가지 제언

만족할 만한 정도는 아니지만 장애인에 대한 여러 가지 조치들이 계속 강구되고 있다. 가령 복지나 교육 등에 있어서 법적인 골격이 마련되고 있는 중이다. 그러나 장애인들의 정신적·영적 문제는 여전히 뒷전으로 밀리는 실정이다. 그 중에서 장애가 직접적으로 정신과 관련된 정신지체아동에 대해서는 예외적으로 정신의학적 접근과 이해가 어느 정도 진전된 것이 사실이나 그 외의 장애를 지닌 사람들에 대해서는 그 분야까지 손이 미치지 못하고 있다.[1] 더구나 영적인 책임은 전적으로 교회와 교회 교육에 달려 있다.

한국적 실정에서 일반 학교에서는 종교 교육이 불가능하고 기독교 학교에서조차 종교 교육이 점차 형식적인 수준으로 위축되고 있다는 것은 주지(周知)의 사실이다. 그러나 기독교적 입장에서 아동에 대한 종교 교육의 필요성은 절대적이며 장애아동의 경우는 더욱 그러하다. 그런데 현재 그 작업은 교회학교에 의해 거의 좌우되고 있다 해도 과언이 아니다.

교회학교는 그 특성상 직업적 교사들로 구성할 수 없다. 그렇다고 교회학교의 교육이 소위 아마추어리즘(amateurism)으로 전락되어서는 안 될 것이다. 구성원은 아마추어라 해도 교육은 전문적으로 진행되어야 할 당위가 있다. 특히 장애아동을 위한 교육의 경우 '뭔가 하고 있다'는, 교사나 교회의 성취감을 위한 교육이 아니라 실제로 장애아동에게 필요하고 도움이 되는 교육이 이루어지려면 전문적 접근이 절실히 요청된다. 이 장에서는 이를 위해 두 가지를 살피고자 한다. 즉 전문적 접근을 위한 최소한의 지침과 현실적인 방도를 제시하는 것이 그것이다.

전문적 접근을 위한 지침들

장애아동 종교 교육의 경우 먼저 장애아동에 대한 정확한 평가가 필요하다. 그런데 "장애를 평가하는 궁극적인 목적은 단순한 판정이나 분류가 아니라 그 원인을 이해하고 치료하고 교육하는 데 지침을 제시해 줄 정보를 얻는 데 있다."[2] 이처럼 교육 목표 설정과 정확한 평가가 병행되고 상호연관되어야만 진정한 교육이 가능하다. 특별히 장애아동의 교육은 개별성과 구체성이 성공의 관건이라 해도 과언이 아니다. 물론 비장애아동에게도 이런 과정은 마찬가지요 또 그런 과정이 요청되지만 장애아동에게는 그 비중이 훨씬 크다. 따라서 정확한 평가에 따라 구체적인 목표를 결정해야 한다.

이와 관련하여 지금까지 대체로 피아제의 영향으로 아동의 지적 능력이 교육 목표나 평가에 있어서 지나친 비중을 차지하는 경향이 있어 왔다. 이런 경향이 장애아동에게 적용될 때 치명적 결과를 가져올 수 있다. 오히려 아동의 지정의의 종합적 분야를 고려하고 전반적 발전을 겨냥해야 한다.[3] 자칫하면 장애아동 특히 정신지체아동에게까지 지적 발달만을 요구하고 그것의 향상을 곧 교육의 성공으로 착각할 수 있는 것이다.

여하튼 교육 목표는 구체적이어야 한다. 임상 보고에 의해서도 목표가 구체적이면 구체적일수록 교육이 성공할 가능성도 높다고 한다. 그 목표가 명확하여서 "학생들이 무엇이 수행될 것이며 왜 수행되어야 하며 어디서 수행될지를 정확하게 알 수 있을 때"[4] 학생들은 큰 도움을 받을 수 있다. 더구나 "학생들이 특정 과제의 목표를 결정하는 데 참여한다면 그것은 그 자체로 매우 중요한 교육적 행위가 되며, 장차 인생의 다른 영역에서도 적용될 수 있다."[5]

또한 장애아동의 교육에서는 개인간차(個人間差)보다 개인내차(個人內差)의 발전이 더 중요하다. 즉, 다른 아동과 비교해서 발전하는 일도 중요하지만 아동 자신의 과거와 현재를 비교해서 발전하는 일이 더 중요하다는 말이다. 이를 고려하기 위해서도 평가와 교육 목표 설정이 긴밀하게 연결되어야 한다. 만약 교회학교에 독자적인 평가를 위한 자원이나 예산이 없을 경우 아동이 소속한 학교나 시설의 보고서를 참고할 수도 있다.

이처럼 교육 목표가 결정되면(그룹과 개인의 목표 둘 다) 그것을 실현하기 위한 구체적인 교육 과정이 필요하다. 여기에서도 제일 중요한 것이 구체성이다. 가능한 한 교육 과정을 세분화하고 구체적으로 소목표를 정한다. 예를 들자면 교육에 관련된 영역을 여섯 등분하여(환경 조성, 학습 지도, 아동학생 지도, 행사에의 참여, 가정과의 협력, 담임의 실무) 그것을 다시 월별로 도표를 만들면 어느 정도 개략적인 교육 과정을 만들 수 있다.[6]

여기서 주의할 점은 세분한다고 해서 소목표 하나를 실현할 기간을 너무 짧게 잡거나 너무 많은 행사를 집어넣는 일이다. 그 대신 간단한 목표와 구체적인 구현 방안을 정해 약 3주 내지 한 달 단위로 반복하는 편이 좋다. 그리고 지적 교육에만 치우치지 말고 행동을 통한 활동을 위주로 하는 것이 중요하다. 그리고 꼭 정해진 목표만을 강요하는 것보다 매 상황에 따라 학생들의 관심이 표현될 수 있고 또 관심을 충족시킬 수 있도록 학생들의 견해를 적극 반영시키는 유연성도 필요하다.

사실 구체적인 학습 내용을 준비하는 일은 시간이 많이 걸리며 고되고도 번거로운 일이다. 그러나 그만큼 학습의 성공이 확실하게 보장된다는 점을 명심해야 한다. 그리고 끝으로 사후 평가가 따르게 된다. 이것 역시 판정의 성격보다는 해당 기간의 교육 목표 달성과 자신의 교육 목표를 위해 준비하는 식의 성격을 지녀야 한다. 자칫 어떤 경쟁이나 비장애아동과 비교하는 성격을 띠면 장애아동의 자아상은 또 다른 손상을 입을 수 있다.

전문적 접근을 위한 현실적인 방도

이제 장애아동 교육의 전문적 접근을 위한 현실적 방안을 살펴보기로 하자. 첫째, 교육을 하려면 먼저 학생이 있어야 한다. 교회는 먼저 장애아동을 위한 세미나를 개최하여 장애아동과 그 부모를 만나는 접촉점을 삼을 수 있다. 이런 모임을 대중화할 경비와 장소는 교회만이 제공할 수 있다. 그리고 교회 내에서의 홍보, 동이나 읍, 면사무소의 장애인 등록명부를 통한 우편 안내, 일반 학교의 특수 학급이나 특수 학교의 학생 명단을 통한 홍보 등으로 참여를 유도할 수 있다. 나아가 교회 내의 장애인부의 활동을 홍보하거나 지역의 장애인 복지에 대한 후원, 장애아동 교육 기관의 지원을 통해 더욱더 폭넓은 관계를 형성할 수 있다.

둘째, 교사에 대한 문제다. 갑작스레 좋은 교사, 그것도 장애 문제를 이해하는 교사를 얻기란 쉽지 않다. 따라서 교회 내의 교회학교 교사를 재교육시켜 전환하는 것이 가장 쉬운 방법이다. 그리고 기독교 학교의 특수교육학과나 일반 학교의 특수교육학과에 다니는 기독교 학생과 관계를 맺어 교회에서 인턴 과정을 갖게 하고, 교회가 또한 학교를 지원하는 유대를 갖는 일도 중요하다. 상당수의 특수교육학과 학생이 졸업 후 전공을 제대로 살리지 못하기 때문이다. 또한 장차는 신학교의 기독교교육학과의 부전공이나 혹은 전공으로 발전시켜야 할 것이다.

셋째, 교육의 부교재 마련이 시급하다. 특히 장애아동 교육은 시청각 교육 교재와 활동 교재 등이 많이 필요하며, 이런 교재를 통해서야 소기의 목적을 달성할 수 있는 기회가 많아진다. 이를 위해 선진국가의 장애아동 교육과 선진국가의 장애아동 종교 교육에서 마련한 다양한 부교재 사용법을 익히고 그러한 자료를 수집하는 데 힘써야 한다. 그리고 장차 장애아동 종교 교육 전문기관도 발족할 필요가 있다. 이를 위해 신학자, 기독교교육자, 교단 관계자, 일반 대학의 특수교육학자, 의료인, 재활요원, 목회자 등의 폭넓은 인원을 포함하는 단체가 결성되기를 바란다. 또한 현실적인 인기가 없는 이런 사업을 위해 교단적인 지원과 아울러 여러 가지 자원을 지니고 있는 대형 교회의 과감한 지원이 요청된다. 더불어 속히 건실하고도 실천력 있고 수준 높은 장애인 모임이 마련되어야 교회가 이 일을 제대로 감당할 수 있고 협력 또한 가능할 것이다. 참으로 장애아동을 위한 교사 한 명, 교재 한 권이 아쉬운 오늘이다.

15 정신지체아동을 위한 교회 교육

'정신지체'는 과거에는 흔히 '정신박약'으로 불리었다. 그런데 그 용어가 정신박약자와 일반 아동이 별개의 범주에 속하며 정신박약아의 상태를 고정적인 것으로 인식하게 하기 때문에 '정신지체'라는 용어로 대체되었다. 즉, 정신지체는 정신발달의 속도가 늦을 뿐이며, 따라서 정신지체아동과 일반 아동은 근본적인 차이가 없다는 생각에서 비롯된 것이다. 이런 사고는 일반 교육뿐 아니라 교회 교육에도 시사하는 바가 크다.

흔히 정신지체아동에 대한 교육적 시도를 아예 포기하는 경향이 많은데(특히 교회 교육에서), 이 개념에 의하면 교육을 포기하는 데 어떠한 핑계도 댈 수 없다. 잘 알려졌듯이 정신지체아동은 흔히 3단계로 구분된다. 곧 교육가능 아동, 훈련가능 아동, 중증(혹은 수용급) 아동으로 나뉜다.

교육인적자원부의 한 보고에 의하면 정신지체아동은 약 3

퍼센트의 발생률을 보이고 있다. 우리나라의 경우 체면 문화의 탓으로 정신지체아동이 가정이나 시설 내에만 있는 경우가 많아 잘 눈에 띄지 않으나 그 수가 엄청나기 때문에 교회의 선교적·교육적 관심의 대상이 되어야만 한다. 그러나 이들 중에서 교육가능 아동이 대개 85퍼센트를 점하며, 이들의 지능은 초등학교 정도의 학습이 가능하다. 따라서 교회가 아동부를 교육하면 이들도 마땅히 그런 기회를 누려야 한다.

정신지체아동에 대한 기본적 이해

정신지체아동이 생겨나는 요인이 무려 200여 가지나 발견되었다. 그리고 그 요인들은 크게 유전적인 요인, 산전, 산중, 산후 요인으로 나뉜다. 그 중에서 가장 대표적인 경우는 염색체 이상으로 인한 다운증후군(흔히 몽골리즘)이며 이 외에도 임신 중의 약물중독이나 출산 후 뇌막염 등의 질병에 의한 사례도 있다. 그러나 이러한 정신지체아동의 출현에 대해서는 교회의 목회상담, 특히 결혼상담에서 다룰 부분이다. 또한 정신지체아동의 판별 역시 굳이 교회가 나서서 할 일은 아닌 듯싶다. 교회는 대개가 이미 정신지체아동 판정을 받은 아동을 맞게 되기 때문에 큰 문제는 없다. 물론 조기 진단의 기회를 교회에서 제공할 수만 있다면 좋겠지만 말이다.

정신지체아동은 앞서 언급했듯이 3단계로 구분되는데, 그 각각의 특성을 간단히 설명하면 다음과 같다.

1. 교육가능 아동: 지능은 아이큐 55에서 79정도이며 약 85

퍼센트를 점한다. 학습이 가능하며 속도는 늦지만 읽고 쓰고 계산하는 정도의 교육이 가능하다. 창의력과 판단력 등은 거의 개발이 가능하며 일상생활에도 큰 어려움이 없다. 간단한 직업은 가질 수 있다.

2. 훈련가능 아동: 지능은 아이큐 35에서 55정도이며 약 12퍼센트를 점한다. 자기를 돌보는 일과 간단한 가사 일이나 사회화 훈련이 가능하다. 자기 이름을 쓸 수 있고 바른 행동을 배울 수 있으나 독립적인 삶은 불가능하다. 보호 시설 내에서는 간단한 일도 할 수 있다.

3. 중증(혹은 수용급) 아동: 지능은 아이큐 30 이하이며 약 3퍼센트 정도를 점한다. 정신지체가 심하며 학습 능력이 매우 제한되어 있다. 자기를 돌보는 일을 최소한 또는 제한된 정도에서 익힐 수 있다. 사회 적응 능력도 극히 제한되며 전적인 보호와 관찰을 요한다.

이와 같이 정신지체아동은 정신적 능력이나 신체적 능력이 제한되어 있다. 그러나 이를 정신질환과 혼동해서는 안 된다. 교회학교의 경우에는 주로 교육가능 아동이 교육의 대상이 되겠다. 이들은 일반적으로 주의력이 산만하고 추리능력이 부족하며 일반화와 추상화의 어려움을 겪고 복잡한 내용을 이해하지 못하며 학습 속도가 늦다. 신체적으로도 운동 기능의 조화가 부족하고 심장질환이 많으며 경련을 일으킬 가능성이 있고 시청각장애도 수반될 수 있다. 또한 주의집중 가능 시간이 짧고 쉽게 좌절하며 아주 어린애 같은 태도를 취하기 쉽고 실제 연령보다 정신 연령에 따른 관심이 나타나며 반면에 성적 욕구나 정서적 반응은 정상적인 경우가 많다.[1]

그러나 정신지체아동도 다양한 형태로 나타난다. 미키 야스마사(三木安正)는 정신지체아동을 다섯 가지 유형으로 분류하기도 한다. 바로 유약형, 고집형, 흥분 충동형, 저뇌멸렬형, 홍유병 등이다. 또한 정신지체아동은 그 요인이 유전에 의한 내인성이냐, 기타 외적 조건에 의한 외인성이냐에 따라서도 큰 차이를 보인다. 대개 내인성의 경우, 비교적 신체적 건강을 유지하고 지능이나 정서가 높고 안정되며 사회화도 가능하다. 이에 반해 외인성의 경우, 흔히 신체적 결함이 따르며 지능이 낮고 정서가 불안하고 복합장애로 인해 사회적 응이나 기여가 불가능한 경우가 많다.[2]

교회의 일반적인 태도

교회는 이들을 반기는 데 다음과 같은 주의사항을 유념할 필요가 있다. 나가사와 히토시(長澤仁司)는 여섯 가지 사항을 들고 있다. 첫째, 차별 용어를 없애자. 둘째, 교회학교에 적극적으로 받아들이자. 셋째, 교회예배에 참석하도록 권하자. 넷째, 예배 시에 발생된 순간적인 혼란을 양해하자. 다섯째, 손님 취급을 하지 말자. 여섯째, 그들이 보여 주는 신앙 고백의 신호(signal)를 확실하게 이해하자.[3]

여기에다가 몇 가지 제안을 더한다면, 각 교회는 자기 교회에 가장 적합한 장애아반을 세워서 현상유지가 아닌 개척자적 발전을 시켜야 한다. 그리고 매번 함께 예배드리는 여건이 현실적으로 성숙되기 전이라면 일 년 중에 특별 기간을 정해서라도 함께 예배드리고 최소한 그 교회의 교인들만이라도 이해할 수 있도록 홍보의 기회를 제공해야 한다. 그리고 해외에서 이미 만들어 놓은 정신지체아동을 위한 성경교재나 교리교육서라도 번역하여 당장 급한 불부터 끄도록 해야 할 것이다.

교회학교의 측면에서

교회학교는 먼저 정신지체아동에게 향하신 하나님의 사랑에 대한 확신과 그들의 영혼 구원에 대한 뜨거운 열정을 가져야 한다. 하나님은 모든 사람을 부르시되 특히 약한 자를 부르시는 분이다. 그리고 정신지체아동 가운데 85퍼센트 정도(교육가능 아동)는 얼마든지 자신의 신앙을 이해하고 고백할 수 있다. 따라서 교회는 이들을 대할 때 다음과 같은 점을 염두에 두어야 한다.

첫째, 성공을 경험할 수 있는 기회를 많이 주고 따라서 새 일에 도전케 한다.

둘째, 모든 학습 준비를 각 개인에게 맞춰 준비한다.

셋째, 간단명료하게 학습 내용을 제시한다.

넷째, 짧은 시간으로 끊어서 교육시킨다. 그러나 적절한 활동이나 교재가 주어지면 다소 길어질 수도 있다.

다섯째, 구체적인 예를 사용한다. 추상적인 논의는 삼간다.

여섯째, 반복 교육을 한다.

일곱째, 강화 방법을 사용한다. 종종 강화(reinforcement)

는 구체적인 응답을 보이자마자 제공해야 좋다. 칭찬도 좋은 강화 중 하나이다.

여덟째, 일관성을 유지한다. 올바른 행동을 하면 칭찬하고 그릇된 행동을 하면 항상 구체적으로 개개인을 교정해 준다.

아홉째, 가능한 한 시청각 교재 등 다방면의 감각 기능을 작용시키는 교재를 사용한다.

열번째, 단호함을 견지하되 사랑과 단호함을 겸비한다. 때때로 활동에 참여하도록 엄하게 권한다.

열한번째, 비장애인과 마찬가지로 동일한 행동 기준을 세운다. 장애인이라고 그릇된 행동을 해도 무조건 관용해서는 안 되며 그들에게도 합당한 행동을 취하기를 기대한다.

열두번째, 포옹이나 쓰다듬는 등 신체 접촉을 사용한다. 대부분 정신지체아동은 신체 접촉을 원하고 그것이 말보다 설득력 있는 경우가 많다.

열세번째, 능력 있는 자들을 참여시키고 그들이 책임감을 느껴 더욱더 열심히 봉사하게 한다.

열네번째, 기도할 때 간단하고 짧게 하고 기도를 따라 하게 한다.

장애아동은 교육 목적상 교육 관련 시설이나 교육교재 등이 사용하기에 용이해야 한다. 이 밖에 여러 가지 교육자료 등을 구비해야 한다. 그리고 이들에게 교회를 위해 봉사할 수 있는 기회도 마련해 주어야 한다. 그래서 주인의식을 갖게 한다. 뿐만 아니라 이런 학급 운영을 통해 장애아동 재활 문제,

장래 지도, 학교와의 연계 지도, 학부모 교육, 불신 부모 전도, 타교회 장애아동반과의 연합 활동 등도 가능하다.

16
청각장애아동을 위한 교회 교육

아리스토텔레스는 인간을 '언어를 가진 존재'라고 정의한 바 있다. 이 말은 언어가 인간생활에서 차지하는 비중을 단적으로 나타낸 말이라고 할 수 있겠다. 언어는 인간을 동물과 구별 짓는 중요한 요소일 뿐 아니라(더러 동물 중에서도 부분적인 언어 기능이 발견되기도 하지만 인간의 언어와는 비할 바 아니다) 인간을 인간답게 만드는 가장 중요한 요소라고 하지 않을 수 없다. 언어→사고→문화로 이어지는 일련의 고리가 인간생활의 중추와도 같은 역할을 맡고 있는 것이다. 그런데 이런 언어로부터 장애를 맛보는 사람들이 바로 '청각장애인'들이다. 이들은 단순히 귀가 잘 들리지 않고 그로 인해 말을 잘하지 못한다는 신체적 장애뿐 아니라 인간생활의 근간인 언어적 장애까지 겪어야 하기 때문에 그들이 치러야 하는 고통은 너무도 크다.

청각장애아동을 이해하기 위해

청각장애인 역시 다른 장애인들과 마찬가지로 근대 이전에는 자신의 장애로 인한 고난 이외에도 사회적 편견과 냉대를 감수해야 했다. 고대와 중세 사회에서 이들은 '천치, 미친 놈, 귀신 들린 자' 등으로 혼동되었으며 따라서 사회적 소외를 경험해야 했다. 특히 교회사에서는 요즘 생각으로는 이해할 수 없는 사례까지 발견된다. 즉, 믿음은 들음에서 나오는데 듣는 데에 장애가 있다는 것은, 하나님께서 구원을 허락하지 않으시고 이미 멸망하도록 예정하신 것이 아니냐는 추론으로, 청각장애인을 백안시 내지 악마시하였던 것이다.

이들에 대해 최초로 교육 가능성에 관한 신념을 피력한 인물은 1500년대 밀라노의 지롤라모 까르다노(Girolamo Cardano)였고, 본격적인 학교를 운영한 최초의 인물은 1760년, 파리에서 농아학교를 개설한 아베 드 레페(Abbe de l' Epee)였다.[1]

청각장애인의 정의와 판별, 분류에 있어서 고려해야 할 주요사항은 청력 손실 정도, 청력 장애 부위, 청력 손실 시기, 언어능력 등 네 가지 요인이다. 말하자면 청각장애인은 청력의 상실이나 청각 기능에 장애가 있는 사람이라고 볼 수 있다.[2]

청각장애의 발생 요인도 상당히 다양하다. 출생 전후로 앓은 질병 내지 유전적 요소(이것은 청각신경의 변성에 관련된 것으로 양친 모두가 유전적인 농[聾]인 경우에 해당된다)로 인한 경우뿐 아니라 사고로 인한 경우도 많다. 대개 인구의 0.5퍼센트를 청각장애인으로 보는데 정확한 통계산출이 어렵다. 만일 0.5퍼센트로 본다면 상당히 빈도가 높은 장애라 할 수 있다.

우리나라의 경우, 특수 학교에 해당되는 청각장애아동은 다음 세 가지 경우이다. 첫째, 두 귀의 청력 손실이 90데시벨 이상인 자이다. 둘째, 두 귀의 청력 손실이 90데시벨 미만 50데시벨 이상인 경우 보청기를 사용해서 보통 말소리를 이해하기 불가능하거나 아주 곤란한 정도인 자이다. 셋째, 두 귀의 청력 손실이 50데시벨 미만이라 할지라도 특수교육을 필요로 하는 자이다.[3] 이 중에서 특히 세번째에 해당하는 아동을 잘 분별하여 적절한 조치를 취하는 일이 중요하다. 이들은 어느 정도 의사소통이 가능해서 비장애아동으로 오인하기 쉽다. 따라서 청각장애로 인한 문제를 심리적 · 정서적 원인으로 착각하여[4] 필요한 도움을 주어 제대로 성장하게 하는 데 실패할 수 있다.

또한 청각장애인에게 가장 큰 문제는 역시 언어 습득이다. 그들은 일반적으로 귀를 통해 배우게 되는 언어를 눈으로 배워야 하는 엄청난 곤경을 극복해야만 한다. 통상 인간이 최초로 언어적 반응을 보이는 '옹알이'(대개 생후 3개월부터 시작)를 할 수 없다.[5] 따라서 이것을 통해 이뤄지는 부모와의 교감에서부터 문제가 발생된다. 이후에도 언어를 습득하는 데 지나친 시간과 정력을 바쳐야 하기 때문에 성장 과정에 꼭 필요한 사회화 등의 과정을 제대로 익히지 못할 수 있다.[6] 사실상 청각장애아동에게는 교육적 발전이 거의 전적으로 언어 교육에 달린 셈이다. 따라서 청각장애아 교육을 언어치료 교육이라고까지 말하고 있다.[7]

그리고 언어능력의 부족으로 여러 가지 핸디캡이 수반된다. 첫째, 커뮤니케이션 부족이다. 이로써 사회 성숙도가 낮게 되고 사회적 접촉을 꺼리며 그로 인해 지적 능력도 부족하게 된다. 그리고 인격적 측면에서는 경직성, 자기중심성, 창의성의 결핍, 내적 통제력의 결핍, 충동성, 피암시성, 감정이입의 부족 등이 나타난다.[8] 둘째, 사회 진출이 어렵다. 청각장애의 특징은 불가시성(invisibility)이다. 겉보기에는 장애가 없는 듯하여 그 심각성을 건청인(청각장애가 없는 사람)은 별로 못 느낀다. 그러다가 의사소통의 문제에 봉착할 때 갑자기 장애가 드러나서 상호 간에 어색함을 느끼게 된다. 또 수화를 누구나 할 수 있는 것이 아니기 때문에 사회생활의 범위가 제한된다. 게다가 수화가 주로 생활 용어에서 비롯되기 때문에 언어 습득이 제한되고 추상적인 학문을 접하기에 큰 어려움을 겪는다.

따라서 청각장애인의 더 적극적인 사회 진출과 학문 발전을 위해서는 장애인 교육의 발전이 선행되어야 하며, 이 교육을 위해서는 청각장애인 교사 육성이 시급하다.[9] 청각장애인의 경우, 같은 장애를 가진 교사의 역할이 몹시 중요하다. 그러나 이런 교사를 한 명 키워 내려면 엄청난 재정적·인적 자원이 뒷받침되어야 한다.

교회의 역할

교회는 청각장애인을 위해 두 가지 면에서 기여할 수 있다. 첫째, 그들을 위한 교회 교육이다. 둘째, 그들을 위한 전 교회적 교역이다.

　청각장애인은 복음 전파에 있어서 특별한 관심을 기울여야 한다. 믿음은 '들음'에서 나는데[10] 청각장애인들은 들을 수가 없다. 모든 장애인들 중에서도 특히 정신지체인과 청각장애인이 복음을 듣는 데에 큰 장애를 지닌다. 즉, 정신지체장애인이 지적 이해가 부족해서 복음을 이해하는 데 어려움을 겪는다면, 청각장애인은 그 통로가 되는 '들음'에서 어려움을 겪는다. 실제로도 청각장애인의 전도율은 낮다. 또한 그들이 커뮤니케이션에서 가지는 일반적인 핸디캡이 복음 전파에도 나타난다. 따라서 교회는 이들과의 커뮤니케이션에 힘써야 한다.

　그러기 위해서는 제일 먼저 청각장애인과 커뮤니케이션을 할 때 유의해야 할 점을 알아야 한다. 청각장애인과 대면할 때 '귀머거리'나 '벙어리' 같은 경멸 투의 언어 사용을 금하고 소리를 너무 지르지 말며 항상 얼굴을 정면으로 하고 특히 입술을 가리지 않도록 주의해야 한다. 또한 대화 중에 다른 사람이 끼어들지 못하게 하고 뭔가 불확실한 것이 있으면 다시 묻는 데 주저하지 말고, 정확한 언어를 사용하며 인내심을 가지고 너무 빨리 말하지 말며 함부로 농담하지 않도록 유의해야 한다.[11] 왜냐하면 그들은 농담 때문에 생긴 웃음을 자기에 대한 조소로 착각하기 쉽기 때문이다.

　그리고 청각장애인과 대화하기 위해서는 오랜 기간이 요구된다. 대개 커뮤니케이션이 어렵기 때문에 피상적인 만남에서는 마음을 열지 않는다. 진정한 교제는 오랜 기간의 만남을 통해 가능하다. 따라서 교회에서 수화에 능통하거나 이들과 교제한 경험이 많거나 혹은 청각장애인 교역자가 있으면 가장 바람직하겠다. 그리고 교회 교육을 실시하려면 먼저 수화에 능한 것이 필수적이다. 아울러 이 일에 헌신된 교사가 꼭 필요하다. 학급 운영은 특별반을 운영하되 예배는 특별예배를 드리더라도 가끔씩 통합예배를 드려야 한다(물론 이때 수화 통역이 필요하다).[12]

그런데 청각장애인 학교가 있는 지역에서는 학생이 많아 상관없지만 일반 지역에서는 학생 수가 적을 수 있다. 그럴 경우, 학생들의 연령차가 클 수 있는데 어차피 개별교육이 필요하기 때문에 소규모로 반 편성을 하는 것이 필요하다. 그리고 청각장애인을 위한 교육은 이들이 추상적인 것을 이해하는 데 어려움이 큰 만큼 되도록이면 추상적인 것을 구체화시키도록 애써야 하며 교재 개발이 뒤따라야 한다. 여기에는 특히 포스터와 같은 시각 자료가 중요하다.

한편 우리는 청각장애인을 위한 일반적 교역에도 힘써야 한다. 교회 전체가 관심을 가지지 않는 한 교회 교육은 실효를 거두기 힘들다. 특히 교회 교육이 대개 아동을 대상으로 하기 쉬운데 성인 청각장애인을 위한 프로그램도 필요하다. 이들에게 교회는 친교를 나누는 중요한 장이 될 수 있다. 또한 청각장애인 중에는 중년에 사고나 병 등으로 장애인이 되는 경우도 있는데, 이들 중에는 자신의 장애를 거부하는 자들도 많다.[13] 자연 그로 인해 많은 고통을 겪을 수 있다. 따라서 이들에 대한 목회상담과 교육을 제공해야 한다.

그리고 청각장애인을 위한 장구가 비싸다. 그래서 돈이 없어 보청기나 기타 장구를 사용치 못하는 경우도 있기 때문에 지체장애인에게 휠체어를 사 주는 운동처럼 이들에게 장구를 사 주는 후원 운동도 필요하다. 또한 이들은 전화를 사용하지 못한다. 그런데 그럴 때 쓸 수 있는 TTY(Tele Typewriter)가 있다. 타자기와 전화가 연결되어 있어 소리를 글자로 바꿔 주는 장치이다. 이 장치는 양쪽에 다 설치되어 있어야 한다. 특히 교회나 경찰서(위급시) 등에 꼭 필요하다. 따라서 교회나 경찰서에 이 시설을 설치하는 운동이 있어야겠다(우리나라의 경우, 이 장치의 국산화가 선행되어야 한다). 그런데 최근 한국에 급속히 보급된 휴대폰의 문자 서비스가 이 문제를 다소 해결해 줄 수 있는 것은 매우 고무적인 일이라고 할 수 있다.

이 밖에도 부모는 청각장애인이지만 그들의 자녀는 비장애인일 경우가 있는데, 이럴 때 자녀들이 부모에게서 언어 교육을 못 받아 후천성 언어장애를 가질 수 있다. 이들과 놀아 주며 언어를 가르쳐 주는 자원봉사도 필요하다.

또한 청각장애아동은 글도 모르고 말도 모르기 때문에 미아가 되면 부모를 찾기가 어렵다. 그래서 교회가 그 지역의 청각장애아동 실태를 파악해서 유사시 도움을 주는 일도 필요하다. 뿐만 아니라 청각장애인들이 범죄를 저지를 경우, 변호 과정에서도 어려움이 많고 불이익을 많이 당한다. 이를 위한 전문 변호인이 나오길 바란다. 현재 청각장애인 죄수는 특별한 지역에 함께 수감되어 있는데 이들을 위한 전문 전도 사역도 필요하다. 그리고 일반 아동을 위한 교회 교육에서 청각장애인을 위한 헌신자를 배출하는 데 힘써야 한다. 굳이 그 일에 전념하지 않아도 수화를 할 줄 아는 사람들이 많이 필요하다. 경찰, 의사, 간호원, 상점 안내원, 사서 등에게 전부 혹은 최소한 일정 인원이라도 수화 교육을 의무화하여 청각장애인의 사회생활을 돕는 법적 조치가 요망된다.

그리고 이런 일을 기독교인들이 담당하면 더욱 좋겠는데 최소한 교회 안내위원 가운데에는 수화가 가능한 사람이 있어야 할 것이다. 예배 중에도 이들은 음악에 있어서 박자나 음정 등에 취약하기 때문에 찬송가를 부르는 시간에는 옆에서 돌봐 주어야 한다. 수화로 기도하기 때문에 눈을 뜨고 기도한다는 사실도 잘 알아 두어야 한다.

17 시각장애아동을 위한 교회 교육

시각장애는 가장 잘 알려진 장애 가운데 하나이다. 최근 들어 장애의 개념도 확대되고 세분되고 있다. 따라서 우리에게 낯선 장애도 많아 그러한 장애에 대한 새로운 관심이 요청된다. 그런데 이 시각장애는 거의 인류 역사와 더불어 긴 역사를 가지고 있다. 희랍의 대시인 호머도 시각장애인으로 알려져 있다. 그런데 사람들은 그의 장애가 그의 위대함으로 인해 신비감까지 지녔다고 여겼다. 그리고 영국의 대문호 밀턴도 중도실명자로 큰 작품《실락원》을 남긴 인물로 잘 알려져 있다.

그러나 시각장애인이 모두가 다 이처럼 위대한 업적을 남긴 것은 아니며 모두가 인정받는 인물도 아니고 하나같이 대우를 잘 받은 것도 아니다. 오히려 대부분의 시각장애인은 걸인과 결부되는 비참한 삶을 영위해 왔거나 공공연히 소위 '재수 없는 사람' 취급을 당해 왔다. 아니 심지어는 '죄인' 취급까지 받아 왔다. 성경에 나오는 대다수의 시각장애인이 거지로 등장하는 것만 봐도 그 형편을 짐작할 수 있을 것이다. 그런 점에서 예수께서 요한복음 9장에서 한 시각장애인을 고친 사건은, 그에 대한 종교적·사회적 편견을 일소할 뿐 아니라 비전 없는 삶 속에 '세상의 빛'이 거함으로써 새 삶을 제공한 획기적 사건이다. 오늘날 교회도 이 사역에 동참해야 한다.

시각장애인에 대한 이해

시각장애는 완전히 시력을 상실한 맹(盲)과 시력이 정상적으로 생활하기 어려운 약시(弱視)로 구분되며 대개 교정시력 0.1을 기준으로 한다.

토머스 캐럴은 재활의 차원에서 시각장애인이 겪게 되는 상실에 관해 다음과 같이 분석하고 있다.[1]

1. 신체의 안정과 관계되는 기본적 상실
    - 신체의 완전함 상실
    - 남아 있는 감각에 대한 신뢰성 상실
    - 환경과 현실적인 접촉 상실
    - 시각적 배경 상실
    - 빛으로 인한 혜택 상실

2. 기본적인 기술의 상실
    - 이동 능력 상실
    - 일상생활의 여러 기술 상실

3. 의지 전달 능력의 상실
   - 문서에 의한 의지 전달 능력 상실
   - 대화에 있어서 의지 전달 능력 상실
   - 정보의 진보에 대응하는 능력 상실

4. 관상(觀賞)의 상실
   - 즐거움을 보는 것을 상실
   - 미적인 것에 대한 관상 능력 상실

5. 직업과 경제적 안정의 상실
   - 레크리에이션 상실
   - 직업인으로서의 경력과 직업상의 목표와 취직의 기회 상실
   - 재정 보증 상실

6. 결과적으로 전 인격에 일어나는 상실
   - 인간으로서의 독립심 상실
   - 사회적 존재로서의 상실
   - 남의 눈에 띄지 않게 사는 것을 상실
   - 자기 평가 상실
   - 전 인격적 구조 상실

이상에서 열거한 사실만 해도 무려 스무 가지나 되는데, 여기서 보았듯이 시각장애인이 겪는 장애는 결코 신체적 장애

에만 국한되지 않고 있다. 따라서 이들에 대한 각별한 관심이 요청된다. 시각장애인을 대할 때 우선적으로 염두에 두어야 할 두 가지 사항이 있다.

첫째, 이들에게는 생계의 문제가 결부되어 있다는 것이다. 대개 생활이 어려운 경우가 많기 때문에 시각장애인 선교에서는 복음 전도와 생활 문제가 동시에 나타나기 십상이다. 따라서 특별히 이 점을 고려해야 한다. 사실 이 문제가 선교의 장점이 되기도 하고 단점이 되기도 하나 그 어떤 경우에든 완전히 도외시할 수는 없다.

역사적으로도 중세에 프랑스의 루이 9세가 '삼백'(Three Hundred)이라는 맹인을 위한 수용소 겸 경제 공동체를 설립한 바 있고, 지금까지도 계속되고 있다. 한국 시각장애인 선교(속칭 맹인 선교) 역사를 보더라도 생계를 위한 구호물자로 인해 교회와 마찰을 일으키거나 혹은 시각장애인 간의 갈등으로 인해 교회가 분열되는 아픈 역사가 있다.[2]

그리고 현재 시각장애인 교회(맹인 교회)에서도 자활이 주된 요소가 되는 경우도 많다. 따라서 이들을 위한 교회 교육에서도 이 문제를 고려해야 한다. 아동의 경우는 그들의 가정 환경에 대한 이해와, 성인의 경우는 자활의 문제까지 고려해서 교회 전체의 교역과 연결시켜야 한다.

둘째, 시각장애인 선교의 다변화 현상이다. 일반적으로 장애인 교육에서 최후에 봉착하는 문제는 '희망' 곧 장래에 대한 문제이다. 교육을 통해 자각이 이뤄지고 준비가 되어도 막상 사회에 나가서 일하고 자기를 실현할 현장이 없는 경우가 많다. 따라서 이를 위한 장기적이고 다변화된 선교가 진행되어야 교회 교육도 보조를 맞출 수 있다. 시각장애인 선교가 더 이상 의료 선교 차원이 아닌 종합적인 장애인 선교로 발전해야 하고 시각장애인을 위한 직업 다변화 및 개발, 전문교육 기회 제공, 전문인력 양성 등이 전제되어야 한다.

교회의 교육적 측면

교회가 시각장애인을 교육하기 위해서는 먼저 교회 전체적으로 기본적인 오리엔테이션이 필요하다. 즉, 시각장애인이 낯설게 여기지 않도록 만반의 준비를 갖추어야 한다. 캐나다의 경우는 목회자 양성 과정에 특수교육 과목을 포함시키고 있다.

시각장애인을 대할 때 주의사항을 요약해 보면 다음과 같다. 첫째, 먼저 도움을 베푼다. 둘째, 궁금한 것을 물어보고 적절하게 도와준다. 셋째, 구체적으로 이름을 부르면서 대화한다. 그래야 누구에게 하는 말인지 알 수 있다. 넷째, 주의를 줄 때는 시각장애인의 팔꿈치를 만진다. 다섯째, 몇 걸음 이상 보행 시는 안내인의 팔을 잡게 해 준다. 여섯째, 새로운 장소에 가면 대략적인 설명을 해 준다. 일곱째, 지시할 때는 구체적으로 말해 준다. 여덟째, 필요한 물건을 접하게 할 때는 손에 닿게 해 준다. 이상의 요령은 예배를 드릴 때나 교회 교육을 할 때 모두 적용된다.

이런 오리엔테이션이 끝나면 교사가 필요하다. 특수교육 종사자가 교사일 경우가 아니면 세미나나 강습회를 열어 기본교육을 받는 것이 필요하다. 그리고 이들에게 맞는 교재를 확보해야 한다. 이미 선진국에서는 장애인을 위한 일반 교육과 교회 교육 교재가 상당수 나왔는데, 아직 여건상 국내에는 많이 보급되지 않고 있으며 국내 개발도 늦어지고 있다. 그러나 여하튼 시각장애인들은 다른 장애에 비해서 지능에 있어 큰 어려움을 겪지 않고 있기 때문에 교육 내용은 상당히 깊이 있게 전개할 수 있다.

이전에는 주로 점자 교재가 많았으나 녹음기가 보급되면서 테이프 교재가 더 유용할 수 있다. 특히 시각장애인 중에서 중도실명인은 점자를 잘 못 읽는 사람도 많다. 그런 면에서 시각장애인을 위한 녹음 봉사가 교회 교육 차원에서도 활발해질 필요가 있다. 이런 교재는 교회 내의 인원을 동원해서 자체 제작한 뒤 복사하여 보급할 수도 있다. 이와 관련하여 교재 읽어 주기 등은 일반 교육(가령 학교 교육)의 경우에도 필요하기 때문에 교회 봉사로 권장할 만하다. 또한 시각장애인 중에서 약시도 많기 때문에 이들을 위한 교재도 함께 고려해야 한다. 즉, 큰 글씨로 된 인쇄물 교재가 필요하다.

이 외에도 이들이 편안하고 안전하게 사용할 수 있는 교실이 필요하다. 아울러 점자성경도 준비해야 한다. 대부분 시각장애인들은 음악에 소질이 있어 찬송을 지도하는 데에는 큰 어려움이 없어 음악을 교육에 이용할 필요가 있다. 그리고 교회 교육은 단순히 아동뿐 아니라 성인에게도 베풀어야 한다. 특히 중도실명인은 시각장애인을 위한 모든 정보, 가령 교육이나 시설, 기관 등에 관해 어둡기 때문에 초보적인 적응 단계에서 교회의 개입이 반드시 필요하다. 이들은 단결력이 강하고 지능 면에서 큰 어려움이 없기 때문에 집단 행동이나 의사 표시를 어떤 장애인보다도 더 잘한다. 그래서 현재 시각장애인 선교가 가장 활발한 편이다. 여하튼 이들을 단순히 보호하는 차원이 아니라 교회 행사와 교역에 적극 참여케 하는 일도 필요하다.

그런데 시각장애인을 위한 선교나 교육에서 꼭 필요한 것이 '교통 편의 제공'이다. 이것은 사전에 준비되어야 하는데 잘만 준비하면 의외로 많은 학생을 맞이할 수 있다. 그리고 시각장애인 특히 중도실명인 중에서 인생 승리자들을 초빙해서 간증이나 강연회를 개최함으로써 학생들과 성인들에게 꿈과 용기를 심어 줄 수 있다. 왜냐하면 선천성 시각장애는 소수이며 대개 유아 시절이나 청년기에 장애를 갖는 경우가 많기 때문이다. 또 요즘은 장년에 장애가 발생하는 경우도 많은데 이 경우는 목회상담과 관련 있다. 그리고 노년층의 시각장애를 위해서도 이 분야에 대한 발전이 요망된다.

18
지체장애아동을 위한 교회 교육

장애아동 중에서 의외로 많은 수를 차지하는 아동들이 바로 지체장애아동들이다. 이 지체장애는 상당히 범위가 넓다. 지체장애의 정도나 범위도 다양하고 게다가 장애아동의 지능이나 정서의 수준차도 크기 때문에 한마디로 이들을 정의하거나 그들에 대한 적절한 대책을 한두 가지로 제시하기는 불가능하다. 그래서 개별적인 이해와 접근이 특히 필요하다.

지체장애아동의 이해를 위하여

여하튼 지체장애는 다음과 같이 분류할 수 있다. 지체장애를 원인별로 분류하면 첫째, 신경성 질환에 의한 것(뇌성마비, 척수성 소아마비, 진행성 근위축증), 둘째, 관절 질환에 의한 것(관절탈구, 관절류머티즘, 혈우병성 관절증, 관절염), 셋째, 형태 이상에 의한 것(내반족, O각, X각, 척추측만증, 포코멜리아), 넷째, 골 질환에 의한 것(골형성부전증, 태생연골발육이상, 페르테

스병, 구루병, 골수염), 다섯째, 외상성 질환에 의한 것(절단, 변형치유골절, 가관절) 등을 들 수 있다.[1] 이 외에도 결핵에 의한 관절결핵, 척추 카리에스, 간질 등도 포함될 수 있다.

위에서 언급된 병명 중에는 어렵고 낯선 이름들이 많다. 마찬가지로 우리가 지체장애의 발생 요인이나 원인을 이해하기는 어렵다. 오히려 각 장애아동이 그들의 장애를 극복할 수 있는 재활과 교육의 가능성이 무엇인지 결정하는 것이 더욱 중요하다. 대개 지체장애아동은 중복장애를 지니는 경우가 많다. 특히 뇌 손상으로 인한 지체장애의 경우 언어장애나 정신지체장애를 함께 지닐 수 있다. 그리고 지능에 큰 문제가 없거나 단순장애인 경우에도 그 나름대로 문제가 심각하다. 곧 자신들의 장애를 수용하지 않을 경우 정상적인 지능을 지닌 장애인의 고뇌는 오히려 더욱 큰 것이다.

그런데 이들 장애의 공통적인 특징은 장애가 눈에 띈다는 점이다. 그래서 쉽사리 동정의 대상이 되거나 혐오와 기피의 대상이 된다. 이 같은 외관으로 인한 인간관계의 특성이 그들의 심리에 미치는 영향은 매우 크다. 대개 이들의 성격은 "정서적으로 불안정하고 부적응 상태를 보이며 의뢰심이 강한 반면 주체성과 침착성이 없으며 주의가 산만하고 내성적인 데다 자의식이 강하다."[2]

지체장애아동은 대부분 평생토록 가까운 사람의 도움을 절대적으로 요구한다. 물론 장애 정도에 따라서는 어느 정도 독립적인 활동이 가능하기도 하다. 그러나 대부분의 경우 도움을 필요로 하는 만큼 도움을 주고받는 일에 있어서도 건전한 관계가 중요하다. 즉, 지나친 과보호나 병적 의존은 모두 지양해야 한다. 그리고 이들은 대개 제한되고 폭 좁은 인간관계를 유지하기 때문에 그들과 관련된 사람의 중요성은 한층 크다. 대부분 가까운 사람들이 장애에 대해 보여 주는 태도가 이들의 사회 일반에 대한 태도를 결정하고 있다. 또한 최근에는 복잡한 사회 구조로 인해 직업병이나 차량 사고가 많아서 중도에 지체장애를 지닌 사람들이 증가하고 있다. 따라서 이러한 장애에 대한 교회의 관심이 절실히 요청되고 있는 실정이다.

아들을 위한 교회 교육의 과제

먼저, 기본적인 면에서 몇 가지 살펴보자.

첫째, 교회는 지체장애인이 교회에 왔을 때 교인들로부터 환영을 받도록 교인들을 교육시켜야 한다. 다윗이 요나단의 아들 므비보셋(양쪽 다리 불구)을 환대한 일은 교회의 본보기가 될 수 있다.

둘째, 교회는 실제 지체장애인이 교회를 찾아왔을 때 교회 생활에 불편을 느끼지 않도록 봉사자를 교육하고 시설을 개선하는 등과 같은 일에 힘써야 한다. 특히 일반적으로 지체장애인은 휠체어를 많이 사용하기 때문에 휠체어 사용법을 익혀야 한다.

셋째, 지체장애인을 정형화하여 대하지 말고 개별적으로 이해하여 적절한 관계를 유지해야 한다. 그리고 값싼 동정을 보이거나 뚫어지게 응시하거나 아무것이나 대신 해 주려고 나서거나 무시하거나 다 아는 체하거나 어린애 같은 말투를 쓰지 않도록 조심해야 한다. 또한 반대로 소극적으로 말하는 것이나 잘못을 지적하거나 접촉하는 것을 두려워해서도 안 된다. 성급한 것 역시 금물이다.[3]

넷째, 교회는 소극적으로, 교회를 찾아오는 장애인만을 기다릴 게 아니라 적극적으로 찾아가는 모습을 갖춰야 한다. 특히 수용 시설이나 집에만 있는 장애인에게는 교제가 너무도 귀하다.

다섯째, 장애인은 단순히 교회가 돌보아야 할 대상이 아니라 당당한 교인이며 나아가 그들에게 주어진 고유한 은사로 교회를 섬길 수 있다. 특히 기도, 관심, 경청, 지혜, 행복한 모습, 낙관적 정신과 기쁨을 지닌 모습 등으로 기여할 수 있다.[4]

교회 교육이 지체장애인을 위해 주력할 부분들

무엇보다 우선, 지체장애인들이 건전한 자아관을 확립하기 위한 교육을 시행해야 한다. 이를 위해서는 지체장애인과 가장 가깝고도 밀접한 관계를 갖고 있는 부모들에 대한 상담이 병행되어야 한다. 따라서 교회는 지체장애아동을 위한 교회 교육뿐만 아니라 학부모 교육 및 상담의 기회를 많이 마련해야 한다. 어쩌면 성공적인 학부모 교육이 장애아동 교육 성공 여부의 관건이라고까지 말할 수 있다.

지체장애아동의 부모를 위한 그룹상담의 일반적인 결과를 보면 많은 도움이 될 것이다. 실제로 지체장애아동의 가정 배경은 사회경제적·교육적·지적인 수준에 있어서 광범위하게 나타났다. 그런데 학부모들은 공통적으로 이 같은 상이한 배경에도 불구하고 수치심과 고통스러운 자의식을 느끼고 있었다. 특히 지체장애가 눈에 잘 띄고 결코 아름다운 모습이 아니라는 이유로 인해 사람들의 눈에 띄는 것을 두려워하거나 심지어 부모조차도 자녀의 장애 모습을 싫어한다고 토로하였다. 그리고 대부분의 부모는 사회가 이들을 백안시한다는 사실이 자녀들에게 알려지는 것을 꺼려했다. 사실 부모들이 장애에 대해 지니는 이러한 인식은 대개가 사회로부터 영향을 크게 받았다. 즉, 장애인에 대한 사회 인식이 부모에게로, 그리고 다시 부모에게서 아동에게로 전달되는 양상을 보이는 것이다. 부모들이 자녀에 대해서 갖는 마음 자세는 완전한 수용으로부터 비판에 이르기까지 다양했으며 심지어 자기 동정이나 '대체 왜 이런 일이 내게 일어났는가' 하고 한탄하는 경우까지 있었다.

또한 부모들이 갖는 방어적 심리기제(心理機制)도 보편적으로 나타났다. 특히 자녀들을 아기 취급하는 경우가 많았는데, 자녀를 아기 취급하면 자녀가 무력하다는 사실을 좀더 용납할 수 있기 때문이다. 즉, 자녀를 성장한 자로 여길 경우, 자녀가 무력하다는 사실을 도저히 참을 수가 없는 것이다. 때로는 어떤 부모는 지체장애아동과 관련된 기관에서 열심히 봉사함으로써 일종의 심리적 위안을 찾는 경우도 있고 아동을 위한 조치를 극도로 실천하려고 하면서 자기 위안을 삼는 경우도 있다. 그런데 우리나라의 경우 아직까지 이런 그룹상담이 보편화되지 않았으며 더구나 부모의 의식도 대부분 낮은 상태이기 때문에 부모를 고려하지 않은 교회 교육은 실효를 거두기 어렵다.[5]

둘째, 지체장애아동들이 성년이 되어 가면서 발생되는 문제도 크다. 차라리 학령기에 해당하는 아동은 학교로부터 교육을 받을 수 있으며 또 이 시기에 해당하는 아동을 위한 조치는 교육적·법률적으로 어느 정도 마련되어 있다. 하지만 다른 아동과 마찬가지로 심리적 불안기이며 성인이 될 준비를 하는 중요한 시기요, 따라서 어느 때보다 더욱 관심을 가져야 할 시기인 사춘기 때는 방치되기 쉬운 것이 현실이다.

지체장애 자녀와 부모를 함께 상담한 공동 집단상담의 결과가 교회 교육에도 시사하는 바가 크다. 여기서 자녀와 부모 모두가 지나친 의존관계와 그로 인한 갈등을 나타냈다. 그런데 아동들이 더 솔직히 분노를 표출했고 자립적인 것을 요구했으며 부모들이 더욱더 보호 욕구를 나타내며 분노를 표출하는 데 소극적이었다. 특히 부모들은 언젠가 사별을 통해 자녀들과 이별하게 되는 것을 두려워했다. 하지만 어차피 미래를 대비하려면 미리부터 독립하기 위한 작은 단계를 내딛는 것이 필요하다.[6] 가령 단기간의 휴가 여행이나 수련회 등이 좋은 예이다. 그런데 대부분 부모들은 이런 일은 상상도 못한다. 다른 사람들에게 자녀를 맡길 수 없다는 것이다. 따라서 교회는 이런 기회를 제공함으로써 부모와 자녀 모두에게 독립심을 배양시켜 줄 수 있다.

실제로 부모들이 이런 휴가나 여행을 거부하는 것은 때때로 평소 힘든 뒷바라지로 인해 생긴 무의식적 분노의 역반응일 수도 있다. 그리고 반대로 자녀들 중에도 부모의 과보호에 대해 반감을 지니는 경우가 많다. 이런 것을 건전하게 해소하기 위해 교회는 그룹 활동과 견학, 연극 관람 등의 기회를 마련하는 것이 중요하다. 그리고 이성간의 만남 등에 대한 부모의 염려도 현실감 있게 이해시켜야 한다.

셋째, 교회는 지체장애인을 위해서 놀이와 레크리에이션을 통한 교육 개발에 힘써야 한다. 이들에게는 특히 이런 활동이 귀하며 교육적 효과도 크다.

넷째, 교회가 이상에서 말한 전인적, 전 가정적 교육을 시행하면서 교회의 목회와 상담과 연관시킬 때 교회가 기여할 공헌은 분명 클 것이다.

19 장애아동의 야외 활동과 성장

　교회학교에서는 으레 여름방학을 맞으면 야외 활동이 중시되고 따라서 야외로 나가는 시간이 늘어나게 마련이다. 이런 현상은 장애아의 경우도 마찬가지이며 또 그렇게 되어야만 마땅하다. 특히 여름방학은 장애아가 야외 활동 및 일반 활동을 할 수 있는 좋은 기회로 십분 활용되어야만 할 것이다. 이렇듯 장애아를 교육할 때에는 활동이 매우 중요하다. 장애아들의 교육은 단순히 이론과 실제 혹은 실내 교육과 야외 교육 등과 같은 이분법으로 나눌 수 없으며, 거의 대부분의 교육이 활동과 결부된다.

　장애아는 대개 신체가 민첩하지 못하다. 정신지체장애아와 지체장애아, 시각장애아는 물론이고 그 밖의 장애를 지닌 아동들도 제각기 그 장애에 따라 신체의 민첩성 혹은 운동 능력에 제한을 받는다.[1] 따라서 이들에게 적절한 수준의 운동 및 활동을 할 수 있는 기회를 제공하여 운동 기능을 발달시켜야 할 필요가 있다.

또한 신체 활동이 불편하다는 이유로 아예 활동을 못하게 하거나 제한시키는 경우도 많은데 이렇게 되면 장애아들은 결국 집 안에 처박혀 있기가 쉽다. 그러나 그럴수록 더욱 다음과 같은 점을 신경 써야 한다. 비장애인은 스스로 활동하고 외출하여 주변 세계를 경험할 수 있지만 장애인들 중에는 남의 도움을 받아야만 가능한 경우가 많다. 하지만 이들도 가끔 새 소리를 접하고 자연 속에서 맑은 공기를 마시는 시간이 필요하며 활발하게 움직이는 사회와도 접할 필요가 있다. 역설적으로 거동이 불편할수록 더욱 많은 활동을 할 수 있는 기회가 필요한 것이다.

이들은 또한 대개 우울한 분위기에서 지내기 십상이다. 장애아의 문제를 극복하지 못한 가정에 살거나 스스로 심리적 상처를 안고 있을 경우에는 더욱 그렇다. 따라서 심리적 돌파구를 제공할 필요도 있다. 게다가 가족들도 장애아의 활동 시간을 감안해서 자신들의 시간을 가질 수도 있다.

특히 정신지체아처럼 추상적인 사고가 곤란할 경우는 구체적으로 가르쳐야 하며[2], 따라서 활동을 통한 교육이 요청되고 교재와 교구의 필요성이 높아진다. 그래서 장애아 교육에서는 학습과 놀이 및 활동의 연관성이 깊게 마련이다.

교육적 활동과 레크리에이션

장애아의 활동은 교육적 활동과 레크리에이션(야외 활동 포함)을 들 수 있다. 그런데 교육적 활동은 평소에도 이루어지는 것이지만 레크리에이션은 여름방학을 통해 할 수 있다. 이때 레크리에이션은 레저의 성격과 야외 활동의 성격을 강하게 갖는다. 특히 비장애아와 함께 레크리에이션을 할 경우 자연스럽게 '함께 사는' 훈련도 경험할 수 있다.

야외 활동은 먼저 단체 활동이 가능한 캠프와 견학, 여행과 장애아 올림픽(Special Olympic)을 들 수 있다.

첫째, 캠프는 낮에만 모여서 활동하는 캠프와 일정 기간 합숙하며 지내는 캠프로 나눌 수 있다. 낮에만 하는 캠프는 여러 가지 장점이 많다. 건강에 유익한 야외 활동, 자연에 대한 경험, 새로운 기술과 관심의 획득, 독립심 배양의 기회, 자발적인 행동과 공동체성을 키워 줄 수 있는 장점들이 있다. 그리고 준비만 잘하면 그다지 비용이 많이 들지 않는다. 특히 오랫동안 밖에서 잠을 잘 수 없는 아동들에게는 그만이다. 이 경우 부모, 교사, 캠프 전문가, 지역 사회의 유지, 의료인 등이 협조하여 사회단체나 장애인단체 혹은 교회학교에서 개최할 수 있다. 교회는 직접 주최할 수도 있고 후원도 가능하다. 이때 비장애아와 함께 캠프를 운영하는 것이 바람직하다. 또는 특수 목적을 두고 따로 개최하는 수도 있는데 이런 경우에는 사전에 담당자의 준비교육이 필요하다. 캠프 활동은 캠프 지역뿐 아니라 박물관, 동물원, 수족관, 농장 등 가까운 명소를 견학할 수도 있다.

또한 일정 기간 집을 떠나는 캠프도 중요하다. 이것은 대개 과보호 경향이 심한 가정 분위기를 떠나 독립적인 생활을 훈련하는 기회가 된다. 물론 이 경우 부모와 떠남으로써 불만을 갖는 아이들도 있지만 대개가 잘 적응하는 편이다. 그리고 이것은 그들에게 첫 독립생활의 경험을 가져다주며 보다 성숙한 모습을 지니도록 돕는다. 이때 부모들을 위한 프로그램은 겸할 수도 있고 따로 가질 수도 있다.

이상의 캠프 외에도 장애가 덜 심한 아동의 경우 야영도 고려해 볼 수 있다.[3] 또한 최근에는 장애인단체에서 자체로 운영하는 곳도 늘고 있다. 그리고 교회학교 장애인부의 여름성경학교 기간에도 이용할 수 있다.

그 밖에 취미 학교나 장애아 올림픽을 개설하거나 휠체어 운동(wheelchair sports)을 가질 수 있다. 특히 휠체어 운동은 근육병, 뇌성마비, 소아마비, 하지절단 등의 장애를 가진 아동 혹은 어른들이 활동할 수 있는 좋은 기회를 제공한다. 또 볼링, 휠체어 야구, 양궁, 다트 던지기, 탁구, 잔디 볼링, 펜싱, 역기, 그 밖에 트랙경기 등을 할 수도 있다. 취미학교로는 도자기 만들기, 미술, 공작, 목공(간단한 경우), 요리, 꽃꽂이 등이 적합하다.

이상의 단체 활동 이외에도 특히 여름에 알맞는 야외 활동이나 운동으로 보트, 수영 등의 수상 운동도 안전성만 고려하고 안전요원만 확보되면 큰 즐거움은 물론 새로운 경험을 가져다줄 수 있다. 승마도 추천할 만한데 이것은 정신지체아동에게 자신감을 심어 줄 수 있는 좋은 운동이다. 다른 사람을 내려다보고 힘센 말 위에 올라타 말을 다스리는 경험은 잠시나마 우월감을 제공해 주며 이것은 다른 영역에서도 자신감을 불어넣어 주게 된다. 말은 살아 있는 동물이기에 어느 정도 교감도 가능하다. 최근에는 승마장(특히 용인에 위치한 에버랜드)에서 장애인을 위한 승마 프로그램도 개설해 놓고 있어 쉽게 활용이 가능하다. 뉴질랜드처럼 장애인에 대한 인식이 높은 국가에서는 이러한 장애인 승마 프로그램을 위한 후원기금 제도까지 마련돼 있다.

이 외에도 활동이 어려운 아동은 가까운 친척이나 이웃을 방문하거나 친구들과 모여 대화를 나누는 것도 유익하며, 병상에 누워 활동이 어려운 아동은 날씨가 좋은 날 야외에 나가 움직이는 사물을 접하는 기회를 갖는 것이 중요하다. 이처럼 가능한 한 야외 활동을 많이 가질 수 있도록 기회를 제공해야 한다. 중요한 것은 야외에서 이런 활동을 할 경우 보호자나 담당 교사들이 아이들을 내팽개쳐 낯선 환경에 겁을 먹거나 두려워하지 않도록 해야 한다. 그리고 이런 활동들을 통해 자기표현 능력, 사회성, 의사소통 능력, 창조성 등을 키우는 데 관심을 가져야 할 것이다.

교회 혹은 교회학교는 이상에서 살펴본 장애아의 야외 활동에 직접·간접적으로 기여할 수 있다. 따라서 교회는 교회 안팎에서 벌어지는 이 같은 활동에 관심을 가지고 인적·물적 자원을 아끼지 말아야 할 것이다. 다행히 최근에 일부 사회단체나 회사 등에서 불우 장애어린이를 돕는 다양한 아이디어가 나오고 있는데 이 일에도 교회가 앞장설 수 있기를 바란다.

특히 교회는 여름성경학교의 한 프로그램으로 장애아 캠프를 개최하면 된다. 이 경우 장애아와 비장애아동이 연합하거나 장애아부만 별도로 개최할 수 있으며, 비장애아동의 여름성경학교 프로그램 가운데 하나로 장애아동과 만나는 시간을 특별히 꾸밀 수도 있다. 또한 교회 전체 혹은 남녀 선교회의 사업으로 장애아동 캠프 보내기 운동을 벌이거나 특별활동을 지원해도 된다. 아니면 뜻있는 분들을 격려하여 좋은 장소를 제공하거나 기금을 모을 수도 있다. 어쨌든 어떤 형태로든 장애아동이 즐거운 여름방학 기간 동안 소외되어 외로운 방학을 보내지 않도록, 그래서 그들의 얼굴에 웃음꽃이 피고 하나님을 기쁘시게 하도록 교회의 사랑과 관심이 절실하다.

20 장애인 교육과 교사의 무력감

　장애인 문제에 관심을 가지고 실제로 접촉을 시도해 본 사람은 대개 처음에는 당혹스러워하거나 자신이 아무런 도움이 될 수 없을 것이란 무력감에 빠지게 된다. 왜냐면 대부분의 사람들이 장애인과의 만남을 낯설어하기 때문이다. 즉, 장애인과 의사소통하는 데에 어려움을 가진다는 것이다. 그래서 장애인과 비장애인이 만나면 장애를 느끼는 쪽은 정작 장애인이 아니라 오히려 비장애인이라는 말까지 있다. 그러나 이 문제는 빈번하고 지속적인 만남을 통해 해결할 수 있으며, 그것을 궁극적인 문제로 볼 필요까지는 없다.

　그럼에도 불구하고 이 문제가 의외로 심각성을 띠고 있다. 비장애인은 장애인 앞에서 무력감을 느끼는 경우가 많은데, 이 무력감은 관계가 진전된다고 해서 반드시 제거되는 것은 아니며 경우에 따라서는 오히려 더 악화되기도 한다. 또한 이 때문에 결국 관계를 시도했던 비장애인들이 좌절이나 자기

연민, 혹은 자기혐오 등을 느끼게 되어 나중에는 제 풀에 쓰러지는 경우도 빈번하다. 이 같은 무력감의 배후에는 인간관계, 특히 교육을 매개로 한 사제관계에 대한 오해가 자리 잡고 있다. 따라서 이 같은 교육학적 오류(educational fallacy)를 교정하는 것이 장애인 교육에 있어서 매우 시급한 일이다.

최근 들어 교육학 특히 기독교 교육 분야에서는 지엽적인 문제 해결을 세련되게 만들기보다 교육 자체의 의미를 묻는 시각 혹은 교육과 영성을 연결시키는, 다시 말해 교육의 영성을 추구하는 추세가 대두되어 왔다. 이 같은 입장이 장애인 교육에서 특히 새 바람을 일으킬 수 있기에 몇 가지 주제를 통해 그 의의를 살펴보기로 하자.

두려움의 이유

상식적인 면에서 생각해 볼 때 두려움은 강자의 것이라기보다 약자의 것이다. 그렇다면 외형상 강자로 보이는 비장애인이 왜 약자로 보이는 장애인에게서 무력감을 느끼는가? 오늘날 지식 전달 위주의 교육 특히 일방적인 교육이 진행되는 양상을 보면 교사는 지식이 많은 강자요 학생은 지식이 적은 약자이며, 또한 교육은 '능력 없는 자들을 능력 있는 자와 동등하게 만들거나 적어도 엇비슷한 사람으로 만드는 일'이라는 전제가 깔려 있다.[1] 그래서 교사와 학생의 관계는 상호발전을 꾀하는 쌍무적 관계라기보다 한쪽이 모델이 되고 다른 한쪽은 복사판이 되어야 하는 일방적 관계이다.

교사는 아는 것이 있고 또 알아야만 하며, 학생은 무지하며 또 알려고 노력해야 한다.[2] 따라서 교사는 완벽해야 하고, 학생은 교사에게 맹종해야 한다. 만일 교사가 완벽한 지식을 지니지 못한다면 자연 도태될 수밖에 없다. 교사는 이 같은 완벽성을 전제로 학생들에게 독재할 수 있는 것이다. 그러나 현실적으로 완벽한 교사가 있을 수 있는가? 완벽한 교사가 없다면 교사들은 자신을 완벽하게 포장하기 위해 위선이나 허위를 부려야 하는가? 아니 그럴 필요는 전혀 없다. 차라리 교사는 완벽한 지식 소유자로서의 교사상을 제거해야 한다. 오히려 교사란 진리를 추구하되 좀더 먼저 출발했고 그래서 그 경험을 나눠 줄 수 있는 위치에 있을 뿐이다. 선생(先生)이란 한자어의 의미 역시 바로 그것이다.

공자는 세 사람이 동행하면 그 중 한 사람은 스승일 수 있다고까지 말했다. 교사는 학생 앞에서 강자이며 강자의 자리에서 쫓겨날지도 모른다는 초조감으로 항상 염려하는 사람이 아니라 삶과 씨름하는, 그러니까 학생과 동일한 사람이며 성공과 실패의 경험을 털어놓을 수 있는 안내자가 되는 것이 바람직하다.

이런 교사상은 장애인 교육에서 특히 절실하다. 장애인 교육에서 비장애인은 대개 교사의 역할을 전제하며, 또 그것은 일방적이고 독재적인 교사상인 경우가 흔하다. 비장애인들이 느끼는 무력감은 바로 여기서 출발하는 것이다. 왜냐하면 이런 교사상에 의하면 교사는 모든 것을 알아야 하고 모든 것을 조절해야 하며 모든 사람을 변화시켜서 완벽한(?) 자기를 닮도록 해야 하는데, 현실은 결코 그렇게 만만하지 않기 때문이다. 사실 그들은 장애인에 대해서 모든 것을 알지도 못하고, 또 알 수도 없다. 그것은 매우 독특한 경험이기 때문이다.

교육 과정에 있어서도 일방적인 교육이란 불가능하다. 왜냐하면 장애인 교육은 이미 교육적 장애를 전제로 하기 때문에 보통의 교사들로서는 조절해 나가기가 결코 쉽지 않다. 또 장애인이 비장애인이 될 수도 없고 비장애인이 장애인이 될 수도 없다. 따라서 기존의 교육에 의하면 장애인 교육은 무력감을 가져올 게 뻔하다. 그러나 이런 실패는 장애인 교육의 포기가 아니라, 장애인 교육 나아가 일반 교육의 진지한 재고를 요청한다.

두려움 없는 진정한 만남을 위하여

우리는 "스승이 되려고 하지 말라"는 야고보 사도의 말을 새겨 볼 필요가 있다.[3] 특히 장애인에 대해 잘 모른다는 사실에 대해 좌절하고 그것을 은폐하거나 심지어 일방적인 연구를 통해 전문적 지식으로 보충하겠다는 발상은 결코 바람직하지 않다. 오히려 장애인과의 쌍무적 관계를 통해 진정한 만남을 추구해야 한다.[4] 이를 위해 다음과 같은 몇 가지 방법이 요구된다.

무엇보다 먼저 우리는 장애인을 제대로 배워야 한다. '장애인에 대해서'(about the disabled)가 아니라 '장애인을'(the disabled themselves) 배워야 한다. 이를 통해 그들을 바로 알게 되고, 그들에게 요구되는 삶의 내용이 무엇인지 알 수 있다. 그리고 이 과정에서 우리는 우리의 삶을, 그들은 그들의 삶을 더 명백하게 깨닫게 된다. 아울러 이런 교육을 통해 우리는 우리 능력을 소진시키는 것이 아니라 생을 배워 나가는 풍요함을 누리게 된다. 그런데 이런 배움은 필연적으로 공동체를 통해서 이뤄진다. 따라서 비장애인과 장애인이 주객의 관계가 아닌, 동등한 일원으로 참여하는 공동체가 필요하다. 특히 이를 위해 완벽한 통합 교육, 통합생활은 아니더라도 최소한 함께 생활하고 놀고 전해지는 교제의 경험을 어려서부터 제공해야 한다. 그래서 장애인은 '별종 인간'(strange)이 아닌 사회의 '다른(different) 일원'이라는 인식 속에서 우리 자녀들이 자라게 해야 한다.

둘째, 장애인 스스로 자신의 경험을 명료하게 표출하게 해야 한다. 이를 위해서 소위 성공하거나 교육받은 장애인의 역할이 매우 중요하다. 자수성가한 장애인들이 장애인을 대변하고 자신의 경험을 장애인들에게 알리기보다 비장애인 속으로 자신을 은폐하면서 장애인과의 관계를 소원하게 하는 일은 큰 비극이 아닐 수 없다. 특히 장애인을 이해하고 스스로 대변할 수 있는 장애인 출신 교사 양성이 매우 중요하다.

어떻게 나아갈 것인가?

이제 교육의 진행 과정과 목표에 대해서 살펴보자. 만일 교사가 안내자요, 학생이 지식 전수자보다 진리 추구자가 된다면 교육 과정도 재고할 수밖에 없다.

첫째, 지나치게 지식 전달 위주로 교육 과정을 짜서는 안 될 것이다. 물론 지식 전달 그 자체가 나쁜 것도 아니며 지식 전달 교육이 제외되어서도 안 된다. 단지 일반 교육에서도 문제 삼고 있는 지식 위주 교육 과정을 장애인 교육에 그대로 적용해서는 안 된다는 이야기다. 만일 그럴 경우 장애인 교육, 특히 정신지체장애인의 교육은 그야말로 한 가지 주제를 지루하게 반복하는 지진아 교육밖에 되지 않는다. 행복한 삶을 위해서는 무조건 '많이 알아야 된다'는 미신을 과감하게 버릴 필요가 있다. 예수 그리스도의 복음도 '진리에 대해 많이 아는 자'가 아니라 '진리로 인해 온전히 변한 자'를 겨냥하지 않았는가?

둘째, 학습 목표를 비장애인 교사 위주로 일방적으로 정하거나 강요해서는 안 된다. 단순히 개별화 교육을 넘어서서 장애인 스스로 교육 목표까지 정하게 해야 한다. 그렇다고 장애인 학생들이 목표의 내용을 일일이 결정하라는 말이 아니라 최소한 장애인 학생들을 제대로 이해해 나가는 과정에서 부단히 그들 자신이 요구하는 삶을 향해 목표를 수정해 나가야 한다는 의미다. 즉, 교육 목표는 학생 자신의 삶의 완성을 위한 것이어야지 교육가의 이상 실현이 되어서는 안 된다. 특히 장애인 교육에 헌신하는 사람들은 일반적인 헌신자가 그러하듯 상대방보다 자기 목표나 대의명분에 집착하는 실수를 저지르는 경우가 많고 구체적인 결과를 얻기 위해 행동주의로 나갈 우려도 있다. 특히 장애인이 자기 의견을 잘 표출하지 못한다고 무턱대고 그것을 조정을 하려는 유혹도 조심해야 할 부분이다.

셋째, 인간 승리의 주인공보다는 진정한 협조자(helper)가

되게 해야 한다. 장애인은 동정의 대상이 아니라 오히려 도움의 대상이다. 즉, 장애인들은 구체적으로 도움을 필요로 한다. 장애인의 삶은 돕고 도움을 받는 인간관계가 전제되어 있음을 상징적으로 보여 준다. 돕는 것만큼이나 도움을 받는 것도 중요하고 귀하다. 문제는 돕는 것만이 가치 있는 것처럼 호도되는 데 있다. 장애인은 자신의 장애를 인정하고 열등감 없이 도움을 받을 수 있고, 그 도움을 통해 자신의 삶을 이뤄 나가고 물론 또 남을 돕는 것이 필요하다.

비장애인도 장애인을 돕는 것이 무슨 순교인 양 특별한 일을 하는 것이 아니라 일상의 자연스런 행위가 되도록 교육받아야 한다. 그래서 무슨 큰 능력을 갖춘 다음에 장애인 교육에 헌신하는 것이 아니라 지금 있는 모습 그대로 돕고 도움 받는 삶에 익숙해야 한다. 인간들이 서로 돕고 도움 받으며 살 수 있도록 지금도 돕고자 하는 분이 바로 보혜사 성령이 아닌가? 그래서 비장애인은 비장애인대로 장애인은 장애인대로 따로 성숙해 나가는 것이 아니라 상호관계 속에서 함께 온전해지는 것을 꿈꿔야 할 것이다.

장애인과 가정 ^{4}

21 장애인은 부모의 문제이다

가정은 인간의 삶에서 가장 중요한 의미를 지니는 곳이며, 가정에서 부모의 역할은 막중하다. 이것은 장애인의 가정도 마찬가지이다. 특히 장애아동에게 부모의 역할은 더욱 큰 의미를 지닌다. 장애아동의 경우, 그들에게 미치는 부모의 영향은 비장애아동의 경우보다도 훨씬 지대하다. 이러한 장애아 부모의 역할의 의미와, 또 그런 역할을 감당하기 위해 생각해야 할 점 등을 살펴보도록 하자.

먼저, 장애아 부모의 중요성을 시사하는 사례를, 〈그는 내 친구니까〉(Because he is my friend)라는 영화를 통해 접할 수 있다. 다음은 영화의 대략적인 내용이다.

젊은 엘리트 부부 사이에 정신지체장애아동이 태어났다. 아버지는 미국에서도 엘리트로 꼽히는 해군 장교였고 어머니는 재색을 겸비한 여인이었다. 이 부부는 처음에는 아이의 장애를 발견하지 못하다가 점차 이상을 발견하게 된다. 먼저 어머니가 아이의 이상을 발견했지만 쉽사리 그 사실을 인정할 수 없었다. 아버지는 더 한층 그런 사실을 거부했다. 그러나 아이의 이상이 심각해지자 어머니가 나서서 아이를 정신지체장애아 학교에 입학시킨다. 아이는 그들 속에서 무척 즐거워한다. 반면에 아버지는 계속 사실을 외면하고 무관심한 체한다.

그러던 어느 날 학교에서 운동회가 열리게 되었다. 아버지는 아들이 신체가 건장하다는 점에 착안해서 운동회에서나마 1등을 시키고자 아들을 맹연습시킨다. 드디어 운동회 날, 아들은 50미터 반환점 돌기 시합에 나선다. 그런데 아버지의 예상과는 달리 아들은 2등으로 달린다. 다른 아이가 더 잘 뛰었던 것이다. 그러다가 1등으로 달리던 아이가 결승점 10미터 전방에서 넘어지고 만다. 그때 아들은 넘어진 아이를 지나치면서 머뭇거렸다. 아버지는 빨리 뛰어오라고 소리쳤다. 2, 3미터를 더 뛰어나오는 순간, 넘어진 아이가 "도와줘"를 외친다. 그러자 아들은 결승점 직전에서 뒤를 돌아보더니 다시 그 아이에게 달려가 그를 일으켜 세워 준다. 그 사이 뒤에 있던 다른 아이들이 뛰어 들어온다.

아이를 부축하고 들어오는 아들에게 아버지가 책망하며 물었다.

"왜 그냥 뛰어오지 않았니?"

그러자 아이가 대답했다.

"내 친구니까요……."

충격을 받은 아버지는 아이스크림을 잔뜩 사서 모든 아이들에게 나눠 준다.

장애아의 부모가 된다는 것

이 영화는 장애아동의 부모가 과연 자식을 어떻게 도와야 하는지를 시사할 뿐 아니라, 비장애아가 갖추지 못한 장애아동의 순수가 돋보인 영화였다. 영화의 내용에서 알 수 있듯이 장애아동의 부모가 된다는 것은 결코 간단한 문제가 아니다. 비장애아의 부모가 되는 일도 쉽지 않은데, 자녀의 장애까지 대처해야 하니 장애아동의 부모가 되는 일이 어렵다는 것은 두말할 나위도 없다. 더구나 대부분의 장애아동 부모들은 장애인 문제에 익숙하지 않다. 즉, 객관적인 측면에서 장애아동과 관련한 정보가 부족할 뿐 아니라, 주관적인 측면에서 자신의 자녀가 장애아동이라는 사실을 인정하기도 쉽지 않다.

또한 우리가 흔히 장애아동이라고 통칭은 하지만, 장애아동 역시 제각기 고유한 개인이기 때문에 그들의 장애나 그에 대한 대책은 천태만상이다. 게다가 장애아동의 부모들이 장애아동을 출산했다는 충격에서 헤어 나오지 못해, 부모 역할을 감당하기는커녕 그들 스스로 깊은 절망 속에서 허덕이는 경우도 많다.

장애아동을 출산한 부모는 대개 3단계 과정을 겪게 된다. 맨 먼저, 부정의 단계로서 자녀가 장애아동이라는 사실 자체를 부정한다. 충격에 의한 반발의 단계 혹은 거부의 단계가 끝나고 나면 실의의 단계에 빠진다. 이때 부모들은 왜 우리

아이에게 이런 일이 벌어졌는가를 자문하면서, 분노와 죄책감 혹은 비탄에 빠진다. 실의의 단계가 끝나 갈 무렵, 부모들은 여기서 벗어나기 위해 뭔가 행동을 취한다. 그런데 이런 시도가 다 긍정적인 것은 아니다.

그런 시도 가운데 흔히 범하기 쉬운 오류로 다음과 같은 두 가지가 있다. 어떤 부모들은 자신들의 상처 난 자존심 때문에 아동을 저버리거나 관계를 단절하기도 한다. 워싱턴에서 있었던 실례를 보면, 한 장애아동이 다운증후군(정신지체장애)에다 위와 작은창자 사이가 막히는 복합장애를 안고 태어났다. 그 중 두번째 장애는 간단한 수술로 치유될 수 있음에도 불구하고 부모들이 낙심하여 아무런 조치도 취하지 않은 탓에 2주 만에 아이는 영양실조로 사망했다. 이것은 극단의 예이지만, 실제로 많은 장애아동의 부모들이 심각한 내적 갈등을 경험한다. 물론 아이가 죽기를 바라는 부모는 적다. 차라리 죽는 편이 낫다고 생각하다가도, "차마 그런 생각을 할 수 없다"거나 "그래도 예쁜 애야"라는 생각 등이 이러한 극단적인 생각을 막는다.

반면에 또 다른 부모들은 노골적으로 자식을 거부하지는 않으나 그 대신에 지나친 집착을 보임으로써 자신들의 분노를 은폐한다. 수많은 보고서에 의하면, 장애아동의 부모들은 대체로 과보호 경향이 크다. 이로 인해 아동들이 '유아화'(infantilized) 경향을 나타내면서 정서적으로 건강한 성장을 방해받는다. 그런 경향은 아동으로 하여금, 꼭 필요하지만 고통스런 치료를 거부하게 만들거나 집 안에만 틀어박혀서 성장 과정에 반드시 필요한 신체적·정신적 자극을 받을 기회를 상실케 한다. 그리고 그런 과보호 경향은 장애아동이 부모로부터 인격적으로 독립하는 것도 방해한다. 이런 경향의 내면을 보면, 부모들이 정작 아동들의 필요보다도 자신들의 필요에 더욱 집착한 결과임을 알 수 있다.

사실 사산한 아이를 갖는 부모보다 장애아동을 갖는 부모가 고통에서 벗어나기가 더 어렵다. 왜냐하면 최초에 경험한 충격과 실의를 계속 맛보아야 하기 때문이다. 특히 아무런 보람도 없이 자식을 돌본다는 생각이 더욱더 부모들을 고통스럽게 한다. 장애아동과 생활하는 한 고통이 지속된다는 점에서 이런 경험을 '만성적 슬픔'이라고 부른다.

하지만 마냥 실의에만 빠질 수 없는 부모는 이제 자식을 위해 무엇을 할 것인지를 모색한다. 이럴 경우, '우리 아이가 최대한 성장하려면 어떻게 도와야 하는가'를 생각하게 마련이다. 이때 중요한 것은, 부모는 아이가 지닌 장애를 모두 수용해야만 한다는 사실이다. 그들은 부질없는 희망을 버리고 현실을 직면해야 하며 과거에 집착하지 않고 현재와 미래를 내다봐야 한다. 물론 이런 과정이 분명하게 정의될 수 있는 것은 아니다. 어떤 부모들은 구체적인 행동을 취한 후에도 내적인 갈등을 극복하지 못하는 경우도 많다.

그러나 여하튼 자식 자체에 대한 관심을 갖는 것은 장애아동의 부모가 겪게 되는 3단계 과정 중에서 최종적 단계요, 이때부터 긍정적이고 건설적인 부모의 역할이 나타난다. 이 과정에서 부모는 자식을 그의 한계와 더불어 사랑하고 존중하

고 기뻐해야 한다. 그리고 분노와 수치, 죄의식에서 벗어나야
한다. 이것은 자신들의 건강을 위해서일 뿐 아니라 자식을 위
해서도 더욱 요망되는 일이다.

부모의 태도와 장애아의 자아상

장애아동과 일하는 거의 모든 사역자가 공통적으로 말하는
바는, 부모의 태도가 아동의 발달에 있어 절대적으로 중요한
역할을 한다는 것이다. 아동은 부모와의 관계를 통해 처음으
로 자신을 인격적 존재로 의식하기 때문이다. 아동의 자아상
은 대부분 부모가 자신에게 나타내는 모습에서 형성된다.

부모가 아동의 장애에 대해 지니는 태도는 장애아동이 자
신의 장애에 대해 지니는 태도를 규정짓는다. 가령 부모가 아
동의 장애를 고통스럽고 불쾌한 짐으로 여기면, 아동도 자신
을 부모에 대한 짐으로 여긴다. 부모가 아동의 장애를 부끄러
워하면, 아동도 자신에 대해 수치감을 품게 된다. 부모가 아
동의 장애를 하나님의 징벌로 여긴다면, 아동도 자신을 '저
주받은 존재'로 여긴다.

그러나 이와 반대로 부모가 아동이 사랑과 존경을 받을 존
재요 나름대로 뭔가 발전할 소지가 있는 잠재력을 하나님께
로부터 받았다고 여길 때, 아동은 자신의 장애와 더불어 능력
을 깨닫고 자신을 존경하며 자신의 장애를 저주가 아닌 도전
의 대상으로 여긴다. 특히 아동은 부모의 사랑을 통해 최초로
사랑을 경험하기 때문에 부모의 영향은 몹시 크다.

이러한 역할은 부모에게는 과중한 책임이며, 또 사실이 그

러하다. 그러나 감사한 것은 실제로 장애아동의 부모들은 자식의 장애를 심각하게만 여기지는 않는다는 점이다. 언젠가 '10대 중장애가 무엇이냐'를 묻는 설문지에서 뇌성마비, 정신지체, 뇌 손상, 청각장애, 시각장애가 꼽혔다. 그런데 이런 장애를 지닌 아동의 부모들 중에서 자기 자식의 장애가 가장 심각한 장애라고 답한 부모는 한 사람도 없었다.

이처럼 특별한 장애를 지닌 아동과 실제로 가깝게 사는 사람과 멀찍감치 보는 사람은 서로 입장이 다르다. 직접적인 당사자들은 오히려 장애로 인한 문제를 더 쉽게 극복한다. 그리고 대부분의 부모는 세월이 갈수록 차츰 그 문제를 잘 극복해 나간다. 그리고 자신들의 경험으로 인해 다른 사람을 더 잘 이해하게 된다. 이런 부모들은 자식의 장애를 결코 해소할 수 없는 비극이라고 여기지 않는다. 비록 이 문제가 계속 고통을 주기는 하지만, 그런 경험에도 '불구하고'(in spite of) 의미와 만족을 찾는 것이 아니라 그런 경험 '속에서'(in) 의미와 만족을 찾는 것이다. 그리고 종교는 이런 태도를 지지하고 고취하는 데 커다란 역할을 한다.

부모의 태도와 종교의 관계

부모의 종교적 입장은 자신과 아동의 문제를 대하는 태도에 있어서 결정적인 역할을 한다. 장애의 문제는 신학적으로 '고난'(suffering)의 문제이다. 만일 부모에게 종교가 없다면 자녀의 장애는 단순한 사건이요, 따라서 이것을 해결하려면 완강하게 저항하거나 용감하게 견뎌 내는 것뿐이다. 장애는 특별한 의미가 없고 단지 인간이 견뎌 나가야 할 문제이기에 인간적인 초연함이 필요한 것이다.

그러나 종교를 가진 부모는 고난에 대해 대개 세 가지 입장을 취한다. 먼저, 하나님께로부터 주어진 형벌로 보는 것이다. 이럴 경우 참고 견디며 수용할 수밖에 없다. 그러나 부모는 죄의식에 시달리고, 아동은 형벌의 구체적 표현이 되기 때문에 지나친 학대나 반대로 지나친 사랑을 받을 수 있다.

두번째로, 하나님께서 허락하셨고 뭔가 뜻이 있다고 보는 것이다. 이런 입장에 있는 부모는 그 사건을 용납하여 그 사건 속의 의미를 찾고 심지어 감사하게 된다. 그들은 고난을 하나님의 분노가 아닌 사랑의 표현으로 여기고, 일종의 훈련 과정과 증거의 일환 혹은 그리스도의 고난에 동참하는 일로 여기기 때문이다.

세번째로, 신앙인 중에서도 고난이 하나님과 직접적으로 연관된 것이 아니라고 보는 입장이 있다. 이럴 경우, 그들은 고난은 이해할 수 없는 것이지만 하나님께서 만사를 합력하여 선하게 하시리라 믿고 믿음을 견지하면서 장차 이뤄질 일을 소망하게 된다.

물론 이런 구분이 절대적이거나 정확히 구별되는 것은 아니다. 어떤 경우에는 상호중복되는 경우도 있다. 실제로 부모의 종교 유무와는 별개로 인간은 대개 고난의 의미를 스스로 묻는다. 인간에게는 고난 자체보다도 고난의 의미가 중요하며 의미에 대한 이해가 차후의 부모 역할(parenthood)도 결정 짓는다. 종교는 이때 적어도 세 가지 면에서 기여한다.

우선, 자식의 장애를 있는 그대로 받아들이게 한다. 장애가 하나님의 뜻이라고 볼 때 피할 수 없는 것임을 알기 때문에 장애라는 사실을 회피하거나 외면하지 않고 현실을 빨리 직면케 해 준다.

두번째로, 자식의 장애가 가져다주는 비극을 경감시켜 준다. 왜냐하면 그들이 처한 상황 속에서 목적과 희망을 발견하게 해 주기 때문이다.

세번째로, 장차 부모의 역할을 감당함에 있어서 동기와 인도, 지지를 제공해 준다. 그들은 부모로서의 역할을 일종의 소명으로 받아들이고 하나님의 도움을 구하며 신앙 공동체의 협력을 얻게 된다.

무엇을 주목해야 하는가

끝으로, 부모들이 장애아동을 위해 고려해야 할 사항을 간추려 보자.

첫번째로, 육체적 필요를 주목해야 한다. 비장애아동도 육체적 도움이 많이 필요한데, 장애아동의 경우는 더욱더 세심한 손길이 필요하다. 이를 위해서 장애아동의 특성을 빨리 이해해야 한다. 두번째로, 정서적 필요도 주목해야 한다. 장애아동도 독립심과 자기수용, 자존감을 지녀야 한다. 부모의 지나친 보호로 인해 자식이 부모의 일부로 남아서도 안 되며, 장애가 곧 장애아동의 인격을 경시하게 하는 계기가 되게 해서도 안 된다. 인간은 장애 여부와는 별개로 귀한 존재이기 때문이다. 세번째로, 지적·사회적 필요도 주목해야 한다. 장애아동도 부모의 사랑만으로는 채워질 수 없는 다양한 경험을 해야 한다. 만일 부모가 수치로 인해 자식을 가둬 키우면 자식의 장애는 더욱 심각해진다. 체면 문화가 발달된 한국의 경우, 특히 부모는 이 문제를 극복해야 한다. 부모는 장애아동이 자신의 능력과 한계를 현실감 있게 자각할 수 있도록 도와야 한다. 네번째로, 자녀의 영적 필요를 주목해야 한다. 하나님과의 관계를 가능케 해 줘야 하는 것이다.

이상의 문제들을 잘 해결하기 위해서는 관련 기관들에 대해 잘 알고 있어야 한다. 먼저 장애아동은 늘 다양한 의학적 문제에 봉착하기 쉬우므로 가까운 의료 기관을 숙지하고, 의학적 측면뿐 아니라 상담하고 신뢰할 수 있는 의사를 정하는 일이 중요하다. 의학적 측면에서는 특히 신체 교정과 언어 교정, 작업 기능 습득 등을 고려해야 한다.

그리고 장애아동의 미래를 미리 염두에 두고 준비해야 한다. 아동이 어느 정도까지 교육이 가능한지, 장차 다니게 될 학교가 어떠한지, 집에서 통학시킬 것인지 기관으로 보낼 것인지 등을 생각해야 한다. 또한 직업 문제도 생각해야 한다. 아울러 사회적 문제, 가령 성적인 문제까지도 생각해야 한다. 물론 영적 문제도 빼놓아서는 안 된다. 이를 위해서는 도움이 가능한 정부 기관이나 복지단체 혹은 같은 문제를 안고 있는 부모 모임이나 종교 기관 등을 알아 두는 것이 필요하다.

마지막으로 다시 한 번 강조하거니와 부모는 장애아동의 성장에 절대적인 영향을 미친다. 그러나 부모만이 장애아동과 관계를 맺는 것이 아니며, 부모만이 그 아동에 대한 책임을 전부 떠맡을 수도 없다. 따라서 부모는 자신의 역할을 충실히 감당하는 한편 장애아동이 다른 사람들과도 폭넓은 관계를 가져야 함을 유의하고 그렇게 되도록 최대한 도와야 한다.

22 장애인은 가족의 문제이다

장애인도 사회적 동물인 인간의 특성에 따라 사회적 관계를 맺고 산다. 이 사회적 관계에서 부모 자식 관계 다음으로 중요하고 밀접한 관계는 가족과의 관계이다. 부모와 자녀 한 명으로 구성된 가장 소규모의 핵가족을 제외하고는 통상 형제 자매나 그 밖의 친족이 가족을 이루게 마련이다. 이들과의 관계도 장애인의 삶에서 매우 중요한 의미를 지닌다. 부모는 장애아동의 부모 역할뿐 아니라 장애아동과 다른 가족 구성원과의 관계를 유지시키는 역할도 잘 감당해야만 한다.

장애인 가족이 된다는 것

장애아동의 출생이 가족에게 심각한 문제를 초래하는 것은 사실이다. 첫번째로, 그 사건은 부부 관계에 위기를 가져올 수 있다. 부부는 이런 문제에 봉착하면 대개 당황하게 되고 자칫하면 상대방에게 그 책임을 전가할 수 있다. 이로 인해 부부 관계에 파탄이 올 수도 있고, 결혼이 파경까지 이르지는 않는다 하더라도 배우자 일방이 그 책임자로 낙인찍힐 수도 있다(가령 성병에 의한 경우를 생각해 볼 수 있겠다). 특히 책임의 소재가 불분명한 경우, 한국적인 상황에서는 시댁 위주의 구조가 아직도 건재하고 있는 만큼 며느리이면서 그 집안의 외인(外人)인 여성이 희생양이 될 가능성이 가장 높다. 그러나 책임의 소재가 누구에게 있건 이렇게 잘잘못을 따지는 일에 시간을 허비하는 사이 부부 관계가 악화될 뿐 아니라 장애아동에게 베풀어야 할 관심을 충분히 쏟지 못하게 되는 경우가 허다하다. 그러나 모든 위기가 그러하듯이 이 경우도 당사자들이 함께 잘 극복하기만 하면 오히려 부부 관계가 더욱 공고해질 수 있다.

두번째로, 장애아동의 출생은 형제 관계에도 영향을 미친다. 장애아동의 형제 자매는 부모로부터 그릇된 죄의식을 공유할 수 있고 친구들의 놀림감이 되어 열등감을 갖게 될 수 있다. 그리고 그런 의식에서 벗어나고자 장애아동을 증오하기도 한다. 만일 이때 부모 역시 그런 의식에서 자유롭지 못하면 집안 분위기는 우울하고 부정적일 수밖에 없다. 더구나 우리 사회는 장애인이 있는 가족을 백안시하기 때문에 이로 인한 모멸감을 견뎌야 하는 고충까지 경험하게 된다.

뿐만 아니라 장애아동에 대해 더 많이 관심을 쏟는 탓에 다른 형제 자매는 부모의 관심에서 소외되기가 쉽다. 또한 장애아동을 돌보기 위해서 생기는 경제적 부담으로 인해 다른 가족들의 기회가 제한되는 경우도 많다. 그 밖에도 외출이나 가족 활동도, 장애아동의 참여가 불가능할 경우 자연적으로 제한되기 십상이다. 따라서 장애아동의 형제 자매는 '순교자적 삶'을 강요받는다고 느끼게 된다. 이들은 어느 정도 성장하기까지는 희생의 미덕보다 피해의식에 사로잡히기 쉽다. 따라서 부모는 자식들을 균형 있게 성장시키는 일에 유의해야 한다. 그리고 장애아동을 배려할 때도 결코 현실감을 잃어서는 안 된다.

세번째로, 그 밖의 친족도 상호영향을 미친다. 이들은 도움이 되기도 하고 반대로 문제를 더 심각하게 만들기도 한다. 관심을 갖고 실질적인 도움을 주는 경우도 있지만 오히려 해가 될 경우도 많다. 어떤 이들은 장애아동을 용납하지 못하거나 수치스럽게 여기거나 혹은 과보호한다. 특히 과보호의 경우, 그들이 제공하는 다양한 정보나 의견은 부모를 혼란시키며 이로 인하여 장애아동에게 꼭 필요한 훈련을 받지 못하게 만드는 결과를 낳기도 한다. 이러한 친족 중에서는 장애아동의 조부모가 가장 큰 영향을 미치게 마련이다. 부모는 이런 가족 관계를 염두에 두면서 전체적인 가족의 삶을 잘 이끌어야 한다.

또 하나의 가족, 교회

그런데 오늘날에는 점점 핵가족화 추세가 두드러져 장애아동이 태어났을 때 가족에게 미치는 부담은 상대적으로 커질 수밖에 없다. 가령 부부와 자녀로만 구성된 소가족의 경우, 장애아동은 거의 어머니 혼자서 담당해야만 한다. 그것은 지나친 부담이 될 수 있고, 사실상 그럴 경우 어머니의 개인적인 삶은 거의 불가능하다. 만일 대가족제도라면 여러 사람이 함께 이 일을 나눠서 감당할 수 있으나 오늘날의 추세로 보아 그것을 기대하기란 어렵다. 이럴 때 생각해 볼 수 있는 것이 소위 '이웃사촌'이다. 그러나 이 역시 현실적 대안이 되기는 어렵다. 대부분의 가족은 장애아동의 문제에 대해서 폐쇄적인 입장을 취하고 이웃의 도움을 받아들이려고 하지 않는다. 또한 그런 도움을 제공할 만한 이웃도 흔치 않은 것이 사실이다.

바로 여기서 우리는 인간에게 허락된 또 다른 가족에게 눈을 돌려야만 한다. 하나님께서는 인간들에게 육적인 가족뿐 아니라 영적 가족을 베푸셨는데, 그것이 바로 신앙 공동체인 교회이다. 우리의 교회 공동체야말로 서로 용납하는 공동체요 서로 짐을 나누어 지는 공동체라는 점에서 오늘날 장애인 가족의 문제에 대한 돌파구를 찾을 수 있다. 그리고 이 일은 단순한 문제의 해결책을 넘어서서 교회의 본질적인 사역에 대한 각성과 실천의 기회가 될 수 있다. 사실 교회 공동체가 장애인을 위해서 해야 할 교역은 많지만 지금 이 자리에서는 영적 가족으로서의 측면에 대해 중점적으로 생각해 보고자 한다.

먼저 교회는 장애인을 용납함으로써 가족의 역할을 담당할 수 있다. 즉, 교회는 고통을 지닌 장애인을 받아들이고 그에 대한 편견을 적극적으로 해소함으로써, 장애인 본인은 물론이고 그의 가족들에게도 용납받고 있음을 느끼게 해 줄 수 있다. 특히 장애인의 형제 자매들은, 다른 성도들이 자기 가족과 장애가 있는 핏줄을 용납할 때 소외감을 극복할 수 있고 일반 사회 관계에도 의연함을 갖는 건전한 자의식을 가질 수 있게 된다. 그러나 오늘날 장애인에 대한 교인의 일반적인 의식 수준이 어떠한가는 의문이 아닐 수 없다. 교회는 이런 점에서도 속히 성숙한 의식을 소유해야 한다. 특히 교회는 인간을 모든 조건과 상관없이 하나님의 형상이라는 이유로 존귀하게 여길 수 있는 곳이기 때문에 장애인들이 용납받고 인정받고 환대받는 장소가 되어야 한다.

교회는 또한 장애인 가족의 삶을 도울 수 있다. 어찌 보면 장애인과 함께 사랑하며 산다는 것은, 경험해 보지 못한 낯선 길에 들어서는 신앙적 모험이다. 이 모험을 교회는 지지하며 격려해야 한다.

교회가 어떻게 장애인의 가족이 될 것인가?

이를 위해서는 다음과 같은 교회의 역할이 기대된다.

첫번째로, 되풀이 강조하거니와 교역자의 역할이 중요하다. 교역자는 장애인의 문제를 성서적 시각에서 제시하는 설교가요 교사의 역할을 담당할 수 있을 뿐 아니라 특히 상담자의 역할을 할 수 있다. 장애아동의 출생은 가족에게 충격을 주기 때문에 목회자의 시기 적절한 위기상담이 필요하다. 그리고 우리나라에서는 아직 미흡한 단계이지만 교회에서 혼전상담을 할 경우, 사전 지식을 주면 그런 위기에 대비할 수 있을 것이다. 그런데 장애아동의 문제는 장애아동이 성장하면서 계속해서 가족 문제를 야기하기 때문에 특히 가족상담이 요청된다. 즉, 장애아동과 그 부모에 대해서만이 아니라 가족 구성원 전체에 대한 개별적이고도 가족단위적인 상담을 통해 온 가족이 장애아동과 더불어 사는 법을 익히도록 해야 한다. 앞서 언급한 장애아동의 형제 자매가 건전한 자의식을 정립하도록 돕는 일도 좋은 예가 되겠다.

가족의 고통, 그것도 회피할 수 없고 계속적으로 경험하게 되는 그 고통을 해결할 능력이 없을 경우, 가정생활은 고통스러울 수밖에 없는 것이다.

두번째로, 교역자뿐 아니라 교인들의 도움도 가능하다. 교인들에게 가능한 시간과 영역에서 자원봉사자로 섬길 기회를 주는 것이다. 가령 교인들은 매주 자기가 봉사할 수 있는 시간과 분야에 대해 교회에 알리면, 교회는 그 정보를 모아 교회 단위로 봉사 시간표를 마련할 수 있다. 각 개인으로서는 많은 시간을 할애하지 않더라도 여러 사람이 모일 경우 그만큼 많은 시간 봉사를 제공할 수 있다. 또 장애인 가정은 이 시간표를 이용해서 긴급한 용무를 볼 수도 있고 가능하면 개인적인 삶을 가질 수도 있다. 즉, 이 경우 소가족제도가 안고 있는 지나친 부담을 여러 사람이 나눠 가지는 셈이다. 봉사자가 장애인을 돌보는 동안 다른 가족은 필요한 시간을 확보함으로써, 이 일은 가족들에게 정신적 안정이나 육체적 휴식뿐 아니라 고통을 함께 지는 신앙적 연대감을 제공해 줄 것이다.

이러한 봉사는 장애인 가족의 여유 있는 삶을 위해서 뿐만 아니라 장애인 자신의 필요에 의해서도 요청된다. 사실 장애인 가족이라고 해서 장애인의 필요를 모두 다 충족시켜 줄 수는 없다. 가령 장애인이 미술에 자질이 있어 그 분야를 개발하려고 해도 가족이 미술까지 지도할 수 있는 경우는 극히 드물다. 또한 이 일은 예배에도 적용할 수 있다. 특히 재가장애인(집에 있는 장애인)들 중에는 교회에 나와서 예배드릴 수 없는 경우가 대부분이다. 이럴 때에는 장애인을 위해서 구역예배를 소규모로 드릴 수도 있다. 주일날 오후나 다른 날을 이용해서 그 주일에 드린 예배를 중심으로 예배를 드리고 교회의 중요한 문제를 전달함으로써 장애인도 지체의식을 고양할 수 있다.

세번째로, 교회가 장애인 가족의 역할을 감당할 수 있는 가장 큰 행사로는 장애인 캠프 프로그램을 생각해 볼 수 있다. 여름이나 겨울을 이용해 장애인과 그 가족 그리고 교인들이 함께 참여하는 프로그램인데, 단순히 장애인 위주의 계절학교가 아니다. 캠프 기간 동안 교회는 장애인 문제를 전반적으로 다루며, 장애인들은 집중적인 종교 활동을 하게 된다. 이때 장애인을 교인들이 돌봄으로써 교인들에게 장애인과 장애인 가족을 이해하고 그들을 위한 자신들의 역할을 실질적으로 깨닫는 기회를 준다. 한편 장애인 가족들은 그 기간 동안 완전히 자유로운 시간을 갖게 되며 다른 교인들과 일반적인 종교 활동에 참여하게 되는 것이다.

이런 캠프를 통해서 교회는 장애인 문제의식을 높이고 교인들은 장애인에 대한 실질적 관계를 개선할 수 있다. 대부분의 사람들은 장애인과의 실제적인 만남을 통해서 편견과 선입관을 쉽게 극복할 수 있다고 말하는데, 교회가 이런 기회를 제공하는 것이다. 그리고 장애인들은 자신들에게 절실한 종교 활동의 기회를 얻는 동시에 자신들이 용납됨을 구체적으로 경험하게 된다. 가족들은 휴식의 기간을 지니고 일반적인 종교 활동에 참여할 기회를 갖고 동시에 그들 역시 용납됨을 느끼게 된다. 또한 교인들에게는 적극적인 헌신을 결단할 수 있는 기회가 될 수도 있고 교회학교 학생들에게도 미래의 소명에 있어서 한 가지 가능성을 제시할 수 있다.

또한 이런 캠프를 지역 사회에 개방할 경우, 지역 전도의 좋은 계기가 될 뿐 아니라 기독교 사랑을 실천할 수 있는 기회가 될 것이다. 그러나 이를 위해서는 행사 위주의 사고방식은 금물이다. 상황에 따라서는 몇몇 교회가 이 일을 먼저 시작할 수도 있다. 그리고 이 행사의 결과는 교회의 운영에 반영될 수 있다. 사실 장애의 종류가 다양한 만큼 한 지역 교회가 모든 장애인들을 위한 종교 활동을 제공하기란 쉽지 않다. 이런 행사를 통해서 장애인에 대한 실태 파악과 그들의 실질적인 요구에 대한 자료 수집이 가능하고, 이것을 토대로 해당 교회에 알맞는 장애인 프로그램을 구성할 수 있다. 또 인근 지역 교회들 혹은 같은 교단의 인접한 교회들이 장애인 프로그램을 분담하여 그 지역의 전반적인 장애인들의 문제에 대응할 수도 있다.

이와 같이 교회가 장애인 가족의 역할을 감당하는 일은 단순히 몇 가지 봉사를 제공하는 것을 떠나서 교회의 가장 본질적인 면을 수행한다는 데 그 의의가 있다. 이 일을 통해서 교회는 인간이 알고 있는 가장 큰 고통을 직면하는 것이며 자신이 고백하고 증거하는 사랑을 실천하게 되는 것이다. 이럴 때 교회 내적으로는, 교인들 특히 장애인과 그 가족 구성원인 교인들이 교회의 증언의 사실성과 신실성을 체험하게 될 것이다. 교회 외적으로는, 사회가 교회의 증언을 신뢰하고 관심을 갖게 될 것이다. 교회가 장애인에 대해 이런 가족의식을 지닐 때 교회는 장애인에 대해 진실하고 창조적이고 발전적인 교역을 감당할 수 있다. 진정한 가족애가 무엇보다 교회 교역의 선결 문제인 것이다. 이것이 구체화되고 확산되기 시작할 때 골방에 숨어 있던 장애인들이 하나님께로, 교회로 나아오게 될 것이며 장애인 가족들이 위로받게 될 것이다.

23
장애인과 가정생활

5월은 가정의 달이다. 가장 아름다운 계절을 가정의 달로 할애한 것을 보면 가정은 가장 귀한 곳이 틀림없는가 보다. 한 인간이 인간이 되는 곳도 그리고 인간으로 살아가는 곳도 바로 가정이다.

새삼스레 가정의 중요성을 재론할 필요 없이 가정은 인간 삶의 핵심이요 영원한 고향이며 지상의 천국과 같은 곳이다. 따라서 가정생활의 결핍이나 가정으로부터의 분리나 소외는 절대적이라고 할 만큼 치명적이다. 그런데 이런 가정에서의 소외를 가장 절실하게 느끼는 사람들이 다름 아닌 장애인이다. 특히 이들은 그 누구보다도 가정이 필요한 만큼 그 같은 결핍은 더더욱 큰 영향을 끼치게 마련이다. 그래서 장애인의 삶에서는, 가정이 가장 절실한 자에게서 가정이 가장 박탈된 형태로 나타나는 비극을 보게 되는 것이다.

어쩌면 장애인의 삶이 그처럼 곤혹스러운 까닭은 단순한

사회적·정치적·경제적 평등이나 복지의 결여라는 외부 여건 때문이 아니라 탄생에서부터, 혹은 장애 발생으로부터 죽음에 이르기까지 줄곧 경험하게 되는 온갖 형태의 가정으로부터의 소외 현상이라는 현실 때문이라고 볼 수 있겠다.

가정에서 경험하는 소외 현상들

그들이 가정에서 겪는 소외 현상은 다양하며 인생의 각 단계에 따라 그 형태를 달리하면서 계속 나타난다.

첫째, 그들은 단란한 가정의 침입자나 파괴자 취급을 받는다. 그들이야말로 가장 환영받고 수용되어야 할 가족의 일원인데도 말이다. 특히 선천적 장애인의 경우 그들이 가정에서 당하는 소외는 결정적이다. 전적인 보호를 받아야 할 신생아 때에, 장애아동이 태어난 충격에서 헤어나지 못하고 자신들의 심리적인 문제에 매몰되는 부모로 인해 장애아동은 이중적 곤경에 봉착한다. 신생아로서 받아야 할 보호의 결핍과 아울러 장애 자체에 대한 관심조차도 제대로 받지 못하는 것이다.

이런 현상은 후천적 장애의 경우도 유사하다. 정작 문제의 장본인이요 누군가의 보호가 절실한 이는 다름 아닌 장애인인데도 가족들이 장애에 대한 자신들의 입장과 충격에 집착하는 탓에 장애인을 제대로 보살피지 못하는 경우가 많으며, 심지어 그런 장애인이 가족의 일원이라는 사실을 부담스러워하는 경우도 많다. 비장애인의 경우, 설사 외부에서 상처받고 소외된다 해도 가정이 그런 문제를 치유해 주는 장소가 되는 것이 보편적이다. 그런데 장애인의 경우는 그러한 소외 현상이 가정에서부터 시작되거나 더 심하게 나타나는 수가 많기 때문에 그들이 마음 붙일 장소가 없어지는 것이다.

따라서 장애인은 가장 가까운 곳에서 소외받는 고통과 아울러 그 고통을 해결할 곳이 어디에도 없다는 이중적인 악조건 속에 처해 있는 셈이다. 더 이상 그들에게 가정은 포근하게 안길 수 있는 영혼의 포구가 아니라 사정없이 밖으로 내모는 폭풍과 같다.

둘째, 이들은 가족 구성원끼리의 관계를 통해 인생을 배우는 기회에서도 소외된다. 가정은 단순한 보금자리일 뿐 아니라 새로운 삶으로 도약하는 데 필요한 도약대이기도 하다. 따라서 가정은 그들이 장차 삶을 영위하게 될 인생을 이해하고 그 인생을 살아가는 법을 배우는 장소이며, 같이 살아갈 다른 사람들과 관계를 맺는 기본적인 소양을 키워 주는 곳이다. 그래서 가정 교육 곧 가족간의 인간관계를 제대로 익힌 자는 인생을 성공적으로(세속적인 의미에서가 아니라 본질적인 의미에서) 살 수 있는 기틀을 갖추었다고 말할 수 있다.

물론 가정은 완벽한 사람이 모인 '유토피아'가 아니다. 그러나 가정은 불완전한 가운데, 부족한 가운데, 때로는 갈등과 불안 가운데, 살아가는 법을 배우는 장소이다. 절대불변의 사랑은 없으나 다투고 나서도 화해할 수 있는 곳이 가정이다. 완전한 상호이해는 없으나 오해 끝에 더욱 친밀해지는 곳 역시 가정이다. 특히 기독교 가정은 기독교의 핵심인 용서, 수용, 화해, 재활, 소망, 사랑, 믿음이 체험되고 체득되는 곳이

어야 한다.

  그런데도 장애인들은 다른 가족 구성원과의 원활한 관계 형성의 결핍이나 부족으로 이러한 가족의 역동성을 배우지 못하고 함께 어울리기 힘든 국외자나 과보호의 대상으로 전락하고 만다. 게다가 다른 가족들은 장애인 가족과의 관계 형성에서 요구되는 인내의 절차를 치르기보다 그들을 그저 괴팍한 자나 보호 대상쯤으로 간단히 취급해 버리기 십상이다. 그래서 장애인들은 가족 이외의 사람들과 관계를 형성하기도 쉽지 않을 뿐더러 그럴 기회조차 적다. 따라서 가족과 관계를 형성하는 데 실패할 경우 그는 여기서도 이중적 곤경을 겪게 된다. 즉, 가장 가까운 사람들과 관계를 형성하는 일에 실패할 뿐 아니라 관계 형성을 할 기회의 대부분을 상실하고 마는 것이다.

  셋째, 이들은 성장해서 새로 가정을 이루는 데에도 큰 어려움을 겪는다. 그리고 많은 경우 아예 그런 일이 불가능하다. 인간에게 가정을 꾸미고 새로운 가정의 주체가 되는 일은 가장 기본적인 욕구이다. 그리고 인간 삶의 대부분이 가정에서 이뤄지며, 삶의 발전 단계를 보더라도 한 가정에서 태어난 자가 자연스럽게 가정을 꾸며 나가도록 준비하는 과정이 삶에서 가장 중요한 몫을 차지하고 있다. 인간은 단순히 어른이 되는 것이 아니라 아버지가 되고 남편이 되며 어머니가 되고 아내가 되는 것이다.

  물론 최근에는 결혼과 가정에 대한 이해가 새로워지고 다변화되고 있는 것도 사실이다. 그러나 아직 그런 실험들이 뚜

렷한 대안이 되지 못하고 있으며 또 변형된 새로운 형태의 결혼이나 가정 안에도 자세히 살펴보면 이러한 기본적인 역할, 즉 부부 관계나 부자 관계의 양상이 잠재되어 있음을 볼 수 있다. 여하튼 인간이 성장하여 아버지가 되고 어머니가 되는 일은 단순히 소꿉장난 시절의 꿈이 실현되는 차원이 아니라 새로운 삶의 모습을 갖추는 일이다. 거기다가 종족 번식이라는 기본적인 욕구를 통해 새로운 생명을 보호하고 그 성장을 돕는 숭고한 일을 부여받는 일이다.

그런데 이러한 기본적인 삶의 기대가 무너지거나 거부되고 봉쇄될 때 장애인들이 경험하는 고통의 깊이와 좌절, 소외, 무력감들을 어떻게 이해하고 위로할 수 있을까? 새로운 가정이 없이 살아가야 하는 이들에게 어른이 된다는 것이 도대체 무슨 의미가 있을까? 특히 세월이 흘러 기존의 가정이 해체될 때, 즉 부모가 사망하거나 형제 자매들이 결혼하고 이사를 가시 그나마 의지했던 가정이 사라지고, 새로운 가정이 생길 보장이나 가능성도 없을 때 이들은 어떻게 해야 하는가?

그 중에 더러 가정을 이룬 장애인이라 해도 부모 노릇을 하며 가정을 이끌기 위해서는 비장애인보다도 엄청난 고난을 겪어야 한다. 그들은 가정을 재정적으로 유지해야 하고 정신적으로 지탱해야 하며 외부의 편견으로부터도 지켜야 한다. 그리고 자녀로부터 단지 장애인이 아닌 부모로서의 존경과 권위를 인정받아야 한다. 만약 자녀도 장애인일 때는 고난받는 사람들끼리 위로하며 사는 법도 배워야 한다.

예수 그리스도, 장애인 가정의 가장

우리는 예수 그리스도의 모습에서 장애인의 가정을 가정다운 가정으로 만들 믿음과 지혜와 능력과 용기를 얻을 수 있다. 모든 가정이 예수 그리스도를 가장으로 모셔야 바른 가정이 되듯 장애인의 가정도 예수 그리스도께서 가장이 되셔야 바른 가정을 이룰 수 있다. 이런 점에서 예수님의 다양한 모습들 가운데 목자의 상이 많은 도움을 준다.

장 바니에의 말처럼 목자는 의사처럼 아플 때만 함께 있고 관계를 맺는 것이 아니라 아프나 건강하나 슬프나 즐거우나 항상 삶을 같이 나누고 동행한다. 그렇다. 가정은 일차적으로 상황과 조건이 어떻게 변화하더라도 끝까지 동행하며 함께 있어야 한다. 다시 말해 가정이란 인간이 가장 최소단위에서 공동생활을 영위하도록 부름받고 명령받은 현장이다. 이것은 지극히 상식적인 내용이요 누구나 다 아는 이야기지만 그럼에도 불구하고 가정의 현장에서는 곧잘 망각되고 무시된다.

실제 가정생활을 보면 버릇없는 가족의 일원으로 살려는 태도가 지배적이다. 사람들은 자기가 원하는 바를 가장 예의 없이 자기 마음대로 관철시키고 누리고 시행하려 든다. 즉, 한마디로 말해 가정에서는 모두 다 왕이 되고 싶어한다. 그래서 어느 누구든 자기를 방해해서는 안 되며 심지어 자기의 평화와 행복을 지원하기까지 해야 한다. 이럴 경우 가정은 예의나 훈련과는 거리가 먼 곳이 되고 만다. 이것이 보통 사람들이 지향하는(무의식적으로든 의식적으로든) '사생활'이라는 것이다. 즉, 탐미적인 가정관인 셈이다.

물론 사생활의 보장과 어느 정도 자유스러운 예외 공간의 확보가 필요한 것은 사실이지만, 이렇듯 사적인 더구나 가족 각 구성원의 자기중심적 가정관이 판을 치고 계속된다면 문제는 심각해진다. 왜냐하면 가족 역시 공동체이기에 누군가 섬기는 사람이 필요하기 때문이다. 그러나 가족 모두가 가정의 이러한 공동체성을 유의하지 않기 때문에 가정을 섬길 자가 나타나지 않게 된다. 그래서 이런 짐을 대부분 주부들이 떠맡게 되므로 장애인이 가족의 일원이 될 때는 문제가 더 커진다.

가족이 하나같이 자기중심적이거나 사적이고 향락추구적인 가정에서는 장애인은 가정의 평온을 깨는 침입자요 번거로운 일을 떠맡기는 짐이 아닐 수 없다. 더구나 가족의 다른 구성원들이 이런 봉사의 요구에 응하지 않을 때 이것마저 주부의(어머니의) 몫이 되기 십상이다. 따라서 주부는 비장애인 가족 구성원을 달래는 한편 장애인을 섬기며 나아가 가족 전체를 섬겨야 하는 삼중고에 시달리게 된다. 이래서는 장애인이 진정한 사랑을 맛볼 수 있는 가정이 되기가 어렵다. 따라서 장애인 가정의 회복을 위해서는 기존의 가정관에 대한 근본적인 전환이 아울러 요청된다.

온 가족이 다른 가족 구성원을 돌아보고 함께 삶을 나누고 공동의 평화와 발전을 도모하는 일에는 목자의 시선이 필요하다. 가정의 목자는 상대방의 문제를 예민하게 깨달을 뿐 아니라 앞으로 가야 할 방향에 대한 감각을 지니며 아울러 함께 사는 삶이야말로 축복이라는 감사의식을 지녀야 한다. 그리고 가족 각 구성원이 그러한 목자의 심정을 가지고 서로를 돌보며 목자의 삶을 보여 줄 때 예수님이 가장이 되는 기독교적 가정이 될 수 있는 것이다.

허위를 깨고 진실과 대면하는 길

이러한 목자적 가정관은 비단 일반 가정의 형태를 띤 곳에만 필요한 것이 아니다. 장애인들이 생활하게 되는 기관이나 공동생활관, 공동부락이나 학교, 훈련소 등에서 모두 필요하다. 그래서 장애인이 거하는 모든 곳은 그야말로 목자를 모시고 사는 푸른 초장이어야 한다.

장애인은 결코 도움만 받는 가정의 짐도 아니고 수동적으로 자리만 차지하고 있는 가구도 아니다. 장애인과 삶을 나누는, 그것도 그냥 도움을 주고받는 일방적인 관계나 혹은 장애인을 부담스럽게 여기는 관계가 아니라 진정으로 함께 사는 공동체적 인식을 가진 사람들은, 장애인이야말로 우리를 치유하는 그리스도의 사자라고 고백한다.

사실 어떤 면에서 보면 장애인들 역시 인간의 죄성을 공유하고 또한 여러 가지 어려움을 야기하기도 한다. 하지만 그럼에도 불구하고 그들은 피상적인 인간관계를 유지하고 겉으로 포장하는 허울이나 상식, 허례를 뚫고 인간의 참모습을 드러내게 한다. 즉, 장애인들은 대개 감성적·영적 민감성이 뛰어나서 상대방의 마음과 분위기를 민감하게 알아차리고 거기에 대해 반응한다. 그리고 그 반응은 꾸밈없는 솔직한 반응이며 그러할 때 상대방의 실상이 폭로된다. 따라서 장애인과의 삶은 허위적으로 이뤄질 수 없다.

그리고 장애인과 상대하는 사람은 근본적으로 변화해야 마땅하다. 허위로 관계를 유지할 수 없기 때문에 관계가 끝나든지 아니면 변하든지 해야 하는 것이다. 이는 근본적인 내적 변화 없이 허례나 상식의 아슬아슬한 줄타기로 삶을 유지하려는 사람들에게는 큰 도전이 된다. 또한 그것이 바로 진정한 자아를 끊임없이 대면하는 길이기도 하다.

장애인은 그들의 일부가 된 장애를 안고 살기 때문에 인간들에게 인간의 한계와 연약함을 늘 상기시킨다. 사실 인간 비극의 대부분이 교만과 거대주의, 만용 등과 같은 인간 이상의 존재가 되려는 헛된 노력에서 비롯된다. 그런데 이들은 우리에게 인간의 약함과 그 약함을 안고 사는 삶을 제시한다. 따라서 인간은 더 위대해지기 전에 더 원만해져야 하고 더 멀리 나아가기 전에 더 오래 머무는 법을 배워야 한다. 그리고 무엇보다 장애인과의 만남을 통해 우리는 이런 것들을 삶으로 배울 수 있는 것이다.

주 Notes

글을 시작하며
1. '패러처치'에 대하여는 아직도 통일된 용어나 만족할 만한 용어가 없어서 그냥 '패러처치'라는 원어를 그대로 사용하기로 한다.

1장. 장애인은 이웃인가?
1. 김득중, 《누가의 신학》(서울: 컨콜디아사, 1991), pp.98, 99에서 재인용.
2. Stanley Hauerwas, *Suffering Presence: Theological Reflections on Medicine, the Mentally Handicapped, and the Church*(Notre Dame: University of Notre Dame, 1986), pp. 168-170 참조.
3. Ibid., p.169.
4. Arthur McGill, *Suffering: A Test case of Theological Method* (Philadelphia: Westminster press, 1983), p.78.; Ibid., pp. 178, 179에서 재인용.

5장. 장애인은 경험의 문제이다
1. Elon Forster, *600 Sermon Illustrations*(Grand Rapids, Michigan: Baker House, 1972), pp. 284-285.

6장. 장애인은 누구인가?
1. Robert M. Goldenson ed., *Disability and Rehabilitation Handbook*(N.Y.: McGraw-Hill, 1978), p.XVII.
2. 장애인 권리선언 제1항
3. Robert M. Goldenson, ed,, op.cit., p.14.
4. 이런 이유로 해서 오늘날은 '정신박약자'라는 용어보다는 '정신지체인'이라는 용어를 쓴다. 곧 결정적으로 정신 지능이 저능하기보다

는 발달 속도가 늦을 뿐이라는 이해이다. 이럴 경우 비장애인과 장애인은 별개의 인간이기보다 연속적인 관계 속에서 이해할 수 있다.
5. Robert M. Goldenson, ed,, op.cit., pp. 19, 20.

7장. 장애인은 교회 교역의 문제이다
1. Geiko Mueller Fahrenholz ed., *Partners in Life: The Handicapped and the Church*(Geneva: W.C.C., 1979), pp. 88, 89.

10장. 장애인은 교회일치의 문제이다
1. David M. Paton ed., *Breaking Barriers*(London: SPCK, 1976), pp.61, 62.

13장. 장애인은 교회학교 프로그램의 문제이다
1. Fowell G. Colston, *Pastoral Care with the Handicapped Persons*(Philadelphia:Fortress Press, 1978) pp. 7, 8 참조.

14장. 장애아동 종교 교육을 위한 몇 가지 제언
1. 가령 연세대학교 의과대학 부설 '장애아동 연구소'는 정신지체아동에 대한 학제적 연구를 지속하고 있다.
2. 오경자, 《정신지체의 심리적 평가》, '장애아동연구소 논문집' 제2집(연세대학교 의과대학 부설 장애아동 연구소, 1988), p.36.
3. 장애아동을 위한 교육에서 정(情), 의(意) 분야에 관심을 가지고 개발하는 일은 장차 다시 비장애아동의 교육에도 좋은 영향을 미칠 수 있다고 본다.
4. Alan S. Brown, *Religious Education and the Pupil with Learning Difficulties*(Cambridge: Cambridge Univ. Press, 1987), p.145.
5. Ibid.
6. 宮山崎直男, 小林良夫 공편저, 《정신박약아 지도 12월》(동경: 일본문화과학사, 1974), pp.310, 311. 여기서 제시하는 내용을 몇 가지 들면 입학식 참가요령 훈련(4월), 소풍(5월), 피난훈련(7월, 특히 일본에는 지진 등 재난 발생 가능성이 높다), 수학여행(10월), 사회견학(2월), 진로상담(2월) 등이 있다. 책 제목에서 12월은 12개월, 즉 일 년이란

뜻의 일본식 표현 방법이다.

15장. 정신지체아동을 위한 교회 교육
1. Gene Newman and Joni Eareckson Tada, *All God's Children: Ministry to the Disabled*(Michigan: Zondervan, 1981), pp.43-45.
2. 김홍규, 《장애자 교육의 이론과 실제》(서울: 성원사, 1989), pp. 172-174.
3. 島崎光正 외, 《장애자와 교회》(부산: 광야, 1987), pp.123-130.

16장. 청각장애아동을 위한 교회 교육
1. Robert M. Goldenson, *Disability and Rehabilitation Handbook*(N.Y.: McGraw-Hill, 1978), p.396.
2. 김홍규, 《장애자 교육의 이론과 실제》(서울: 성원사, 1989), p.32.
3. '특수교육 대상자 판결기준', 《문교법전》(법제연구원, 1988), p.946.
4. 김홍규, op. cit., p.39.
5. 島崎光正 외, 《장애자와 교회》(부산: 광야, 1987), pp.123-130.
6. Ibid., p.68.
7. 이정순, '언어와 가정 지도', '기독교사상'(81년 5월호), p.40.
8. 김홍규, op. cit., p.40.
9. 정상진, '농아인에 대한 올바른 이해', '한국기독 농아인 선교회보', 1990.1.15.
10. 롬 10:17.
11. Gene Newman and Joni Eareckson Tada, *All God's Children: Ministry to the Disabled*(Michigan: Zondervan, 1981), pp. 57, 58.
12. Ibid., p.62.
13. Robert M. Goldenson, op. cit., p.402.

17장. 시각장애아동을 위한 교회 교육
1. 島崎光正 외, 《장애자와 교회》(부산: 광야, 1987), pp.39, 40.
2. 김재홍, '한국 교회의 시각장애와 선교 방향 (미간행석사학위논문: 장로회신학대학원, 1986), pp.33, 34..

18장. 지체장애아동의 교회 교육
1. 김홍규,《장애자 교육의 이론과 실제》(서울: 성원사, 1989), p.47.
2. Ibid., p.50.1
3. Gene Newman and Joni Eareckson Tada, *All God's Children: Ministry to the Disabled*(Michigan: Zondervan, 1981), pp.71-73.
4. Ibid., p.73.
5. Robert L. Noland, *Counselling Parents of the Ill and the Handicapped*(Cheres Thomas: Springfield, 1971), pp.227, 228.
6. Ibid., p.235.

19. 장애아동의 야외 활동과 성장
1. 가령 정신지체아의 경우, 쉽게 피곤하고 걷기를 거부하고 심장질환이나 다리발육부진이나 통증, 행동이 느리거나 보행습관이 이상하거나 약물투여 등으로 인해 어려움을 겪는다.
Billie Shepherdson, *Growing up with Down's Syndrome* (London: Cassell Educational Ltd., 1988), p.15.
2. 김정권 외,《정신박약아의 교재, 교구》(대구: 대구대학 출판부, 1981), p.5.
3. Robert M. Goldenson, *Disability and Rehabilitation Handbook*(N.Y.:McGraw-Hill, 1978), pp.172-177.

20장. 장애인 교육과 교사의 무력감
1. 헨리 나웬, 성염 외 역,《새 시대의 사목》(서울: 성바오로출판사, 1979), p.23.
2. Ibid., p.24.
3. 약 3:1
4. 교육의 목표는 단순한 지식일 뿐 아니라 진리라는 면에 대해서는 헨리 나웬과 같이 교육의 의미를 추구했던 팔 머의 책 참조 요망. Park J. Palmer, 박원호 역,《기독교교육인식론》제4장 (서울: 광나루, 1991), pp.85-112.